불교가 좋아지는 불교우화 2

마음밭에 단비

불교가 좋아지는 불교우화 2
마음밭에 단비
ⓒ이용범 2011

초판 1쇄 발행일 2011년 7월 28일

지 은 이 이용범
펴 낸 이 이정원

출판책임 박성규
편집책임 선우미정
편집진행 이은
디 자 인 정정은·김지연
편   집 김상진·이상글
마 케 팅 석철호·나다연·최강섭
경영지원 김은주·박혜정
제   작 고강석
관   리 구법모·엄철용

펴 낸 곳 도서출판 들녘
등록일자 1987년 12월 12일
등록번호 10-156
주   소 경기도 파주시 교하읍 문발리 출판문화정보산업단지 513-9
전   화 마케팅 031-955-7374 편집 031-955-7381
팩시밀리 031-955-7393
홈페이지 www.ddd21.co.kr

I S B N 978-89-7527-977-5(14800)
         978-89-7527-975-1(set)

값은 뒤표지에 있습니다. 잘못된 책은 구입하신 곳에서 바꿔드립니다.

불교가 좋아지는 불교우화 2

마음밭에 단비

들녘

저자의 말 세계 우화의 보물창고

우화는 가장 오래된 문학 양식이라 할 수 있다. 대개 우화는 동물을 통해 삶의 교훈을 가르치지만, 어리석거나 교만한 사람들을 등장시켜 현명한 삶이 어떤 것인지를 우회적으로 드러내기도 한다. 따라서 우화는 자녀 교육을 위한 최초의 교과서 역할을 했을 것으로 짐작된다.

물론 우화는 개인의 창작물이 아니다. 잘 알려진 『이솝우화』 역시 이솝의 창작은 아니다. 그는 자신이 발 딛고 있는 그리스뿐만 아니라 세계 각지에서 우화들을 모아 책으로 엮었다. 그중에는 불교 우화들도 포함되어 있다.

누가 먼저 책으로 만들었는가는 중요하지 않다. 어느 나라든 우화들을 갖고 있었고, 그것이 여러 지역으로 전파되면서 조금씩 변형되거나 재창작되었기 때문이다. 심지어 불교우화 중에는 헤로도토스의 『역사』나 『성서』, 혹은 러시아 민담에 나오는 이야기와 유사한 것들도 있다. 특히 불교가 번성했던 우리나라의 경우에는 수많은 설화와 우언소설(寓言小說)들이 불교우화의 영향 아래 놓여 있다.

우화를 읽는 즐거움은 그 의미를 다양한 시각으로 해석할 수 있다는 데 있다. 실제로 불교 경전에 나오는 우화들은 중복되거나 유사한 것들이 많은데, 같은 이야기라 하더라도 상황에 따라 전혀 다른 교훈을 제시하기도 한다.

우화만큼 간결하게 삶의 지혜를 제시해주는 것도 없다. 수백 권의 책도 짧은 우화 한 편보다 유용하지는 않다. 우리는 우화가 어린아이들이나 읽어야 할 동화쯤으로 생각하지만, 정작 우화를 읽어야 할 사람은 어른들이다. 어린아이들은 우화가 요구하는 대로 충분히 순박하고, 충분히 아름다우며, 충분히 맑기 때문이다.

어른들은 너무 빨리 살아왔다. 오래, 그리고 빨리 살았다고 해서 충분히 산 것은 아니다. 오히려 어른들은 빨리 살아버리는 바람에 가지고 있어야 할 것들을 많이 잃어버렸다. 이제는 제자리에 서서 뒤돌아보아야 할 것들이 너무 많은 것이다.

이 책에는 260여 편의 우화가 실려 있다. 이 중에는 설화로 분류되어야 할 것들도 있지만, 우화의 개념을 보다 폭넓게 해석하여 함께 묶었다.

2011년 여름
이용범

차례

저자의 말 세계 우화의 보물창고

분노의 가시를 뽑아라 11

진짜 태워 없애야 할 것 | 배고픔이 죄다 | 진심으로 뉘우치면 | 굳이 예를 들어 설명하자면 | 노여움의 가시 | 분노의 가시를 뽑아라 | 네 안의 황금을 보라 | 나쁜 싹은 애초부터 잘라버려라 | 세상에서 가장 큰 고통 | 두 개의 머리를 가진 새 | 남의 떡이 커 보인다 | 엉뚱한 화풀이 | 세상에서 가장 무서운 적 | 놓으면 열린다 | 어디에 부채질하는가 | 머리와 꼬리의 싸움 | 하늘이 알고 땅이 안다 | 번뇌가 스며드는 틈 | 부럽다, 귀신 | 몰입의 힘 | 삼켜야 할 것과 뱉어야 할 것 | 사소한 갈등의 결과 | 말 안 해도 알겠지? | 가장 소중한 재산 | '나'를 '나'라고 말하는 '나'는 누구인가

버려야 할 때 버려라 67

탐욕의 끝은 어디인가 | 금덩이가 무서운 것은 | 하찮은 꿀 한 방울 때문에 | 이렇게 살아 있지 않습니까 | 욕심이 지나치면 | 놓아버려라 | 초대받지 않은 손님 | 형제의 욕심 | 잠을 못 이룬 까닭 | 가진 것 없는 자의 여유 | 콩알 하나의 유혹 | 버려야 할 때 버려라 | 무엇을 지고 갈 것인가 | 정말 기다리는 것 | 탐욕을 버린 자에게 기회가 온다 | 돈 세는 사람 | 질투에 눈먼 스님 | 떡 하나 때문에 | 돈을 주고 사온 재난 | 미끼 | 아름다운 것은 무엇인가 | 다툼의 원인 | 큰 물고기의 최후 | 채찍으로도 다스릴 수 없는 탐욕 | 맛의 탐욕 | 귀고리 하나 때문에 | 만족할 줄 아는 사람이 가장 큰 부자이다

우물에 빠진 달 건지기 127

우물에 빠진 달 건지기 | 그림자에 빠져 죽다 | 달을 가리키는데 손가락은 왜 보는가 | 맛 좋은 떡의 비밀 | 착각의 그림자 | 그림자로 진 빚을 그림자로 갚는다 | 거문고소리 가져오기 | 소라고둥 | 돌멩이를 쫓는 개 | 항아리에 숨겨둔 애인 | 살아 있는 나무 인형 | 헛된 믿음 | 황금 연못 | 메아리가 사는 곳

복 밭에 씨를 뿌려라 161

내가 나쁜 마음을 품으면 | 가장 불쌍한 아들 | 가장 멋진 복수 | 장사꾼의 재산 목록 | 놀부의 마음 | 몸이 지은 원죄 | 그대가 죽은 후 | 지옥보다는 낫다 | 복 밭에 씨를 뿌려라 | 아직 늦지 않았다 | 염라대왕이 원하는 선물 | 나는 어디에 있는가 | 도둑의 깨달음 | 아홉 빛깔의 사슴 | 은혜를 모르는 자, 화 있을 진저 | 악한 사람의 운명 | 되로 주고 말로 받다 | 알면 다쳐 | 보이지 않는 손 | 까마귀와 요리사 | 볏짚 한 묶음으로 나라를 사다 | 볏짚 한 묶음으로 나라를 사다 | 한 번은 속일 수 있지만 | 공짜는 한 번이면 족하다

장님 코끼리 만지기 237

백 근의 살점과 한 개의 머리 | 뱃전에 잃어버린 곳을 표시하다 | 거울 속의 주인 | 귀한 것과 천한 것 | 침 밟아 뭉개기 | 형제의 유산 나누기 | 진짜 지켜야 할 것 | 반 조각의 떡 | 거북을 죽이는 법 | 빗나간 예측 | 일단 시도는 해보았으니 | 충실한 하인 | 장님 코끼리 만지기 | 부러워할 게 따로 있지 | 세 가지 어리석음 | 코를 베어 코에 붙이다 | 과녁이 있는 곳으로 가라 | 떠먹여 줘야만 아는가

마음만 한번 고쳐먹으면 297

들어갔다면, 나올 곳부터 생각하라 | 마음만 한번 고쳐먹으면 | 기름기가 없는 염소 | 기회는 준비된 자에게 찾아온다 | 할 일 없는 귀신 | 남의 소를 세다 | 운 좋은 공처가 | 아는 것이 병 | 환상의 성 | 비록 달라진 것은 없지만 | 독사가 독을 참아낼 때 | 입 안의 쌀 한 줌 | 바닷물을 퍼내 바닥을 보리라 | 두 마리의 토끼를 쫓다가 | 사막에서 살아남기 | 바위 아래에는 | 싸구나, 싸!

칭찬은 소도 춤추게 한다 323

입을 닫아야 할 때 | 결정적 순간에 | 칭찬은 소도 춤추게 한다 | 당신이 부처입니다 | 거친 나귀를 길들이는 법 | 말 한마디로 천냥 빚을 갚는다 | 나쁜 말일수록 귀를 뚫는다 | 하지 않아도 될 말

인용한 주요 경전 소개 342

- 일러두기

  여기에 실린 글은 원전에 실린 내용을 약간 변형하거나 우화의 형식으로 고쳐 쓴 것입니다.

  또 불경에 실린 유사한 내용의 여러 이야기를 하나로 합친 것들도 있습니다.

  가능한 한 출전을 밝혔습니다. 여러 출전을 함께 밝힌 것은 유사한 내용의 이야기가 여러 경전에 실려 있기 때문입니다. 때로는 같은 이야기가 전혀 다른 교훈을 전달하는 경우도 있습니다.

  따라서 원전의 내용과 다소 차이가 있을 수 있으므로 이해와 참고를 바랍니다.

분노의 가시를 뽑아라

진짜 태워 없애야 할 것 | 배고픔이 죄다 | 진심으로 뉘우치면 | 굳이 예를 들어 설명하자면 | 노여움의 가시 | 분노의 가시를 뽑아라 | 네 안의 황금을 보라 | 나쁜 싹은 애초부터 잘라버려라 | 세상에서 가장 큰 고통 | 두 개의 머리를 가진 새 | 남의 떡이 커 보인다 | 엉뚱한 화풀이 | 세상에서 가장 무서운 적 | 놓으면 열린다 | 어디에 부채질하는가 | 머리와 꼬리의 싸움 | 하늘이 알고 땅이 안다 | 번뇌가 스며드는 틈 | 부럽다, 귀신 | 몰입의 힘 | 삼켜야 할 것과 뱉어야 할 것 | 사소한 갈등의 결과 | 말 안 해도 알겠지? | 가장 소중한 재산 | '나'를 '나'라고 말하는 '나'는 누구인가

진짜 태워 없애야 할 것

어떤 비구니가 길을 가다가 한 사람의 수행자를 만났다. 그 수행자는 엄청난 고행을 함으로써 사람들로부터 스승으로 존경받고 있었다.

비구니가 가던 걸음을 멈추고 수행자를 바라보니 붉게 달군 숯불 위에 앉아 몸을 혹사시키고 있었다. 이마에서는 구슬 같은 땀이 비 오듯 흐르고, 가슴과 겨드랑이에서는 폭포수 같은 땀이 흐르고 있었다. 또 목구멍은 타고, 입술과 혀는 말라붙어 침 한 방울 뱉을 수 없을 지경이었다.

더구나 하늘에서는 뜨거운 태양이 이글거리고, 주위에는 그늘을 만들어줄 나무 한 그루 없었다. 그런데도 수행자는 고통을 참아내며 태연히 숯불 위에 앉아 있었다. 곁에 다가가기만 해도 온몸이 후끈거렸으므로 수행자의 모습은 차마 눈뜨고 볼 수 없을 만큼 처참했다.

한참 동안 그 모습을 지켜보고 있던 비구니가 수행자의 곁으로 다가가 물었다.

"당신은 무엇을 태우고 있습니까?"

수행자가 대답했다.

"내 몸을 태우고 있는 중이오. 이 고통을 견뎌야만 높은 경지의 깨달음을 얻을 수 있소."

그러자 비구니가 말했다.

"당신은 정작 태워야 할 것은 태우지 않고, 태우지 않아야 할 것을 태우고 있구려."

그 말을 들은 수행자는 불끈 화가 치밀었다. 지금까지 어느 누구도 자신의 힘든 고행을 찬탄하지 않는 사람이 없었다. 그런데 한낱 나이 어린 비구니가 자신의 고행을 비웃는 것에 대해 참을 수가 없었던 것이다.

수행자는 버럭 화를 내며 비구니를 향해 외쳤다.

"이 한심한 까까중아, 그렇다면 무엇을 태워야 한단 말이냐?"

비구니는 조용히 미소를 지으며 수행자에게 대답했다.

"불에 태워 없애야 할 것은 당신의 그 노여운 마음입니다. 수레가 앞으로 나아가지 않으면 소를 채찍질해야지 수레를 때려서 무슨 소용이 있습니까? 몸은 수레이고 마음은 소입니다. 그러니 몸을 채찍질할 것이 아니라 마음을 채찍질해야 합니다."

• 출전 : 『대장엄론경』 권2·8

고행은 하나의 수단이다. 수단을 아무리 갈고닦는다 해도 그것은 그저 수단일 뿐이다. 직시하라. 진정으로 얻어야 할 것은 수단이 아니다. 수레에게 매질을 하지 마라. 움직여야 할 것은 마음이다.

배고픔이 죄다

어떤 수행자가 하루 한 끼만 먹으며 밤낮으로 참선에 열중하고 있었다. 그러나 시간이 흐르자 점점 배가 고파지기 시작했다. 수행자는 참선을 중단하고 걸식을 하러 산을 내려갔다. 그때 마침 사냥꾼이 눈에 띄자 그 곁으로 다가가 말했다.

"혹시 남은 고기가 있으면 나눠주십시오."

사냥꾼은 수행자의 말을 듣고 버럭 화를 냈다.

"수행을 한다는 자가 사냥꾼에게 고기를 구하는가? 땡추가 분명하구나!"

그러면서 사냥꾼은 활을 들어 수행자를 겨누었다. 순간 수행자가 누더기 옷을 걷어 올리며 사냥꾼에게 말했다.

"잠깐, 기다리시오. 이왕 나를 쏘려거든 다른 데를 쏘지 말고 내 배를 쏘십시오."

수행자가 배를 쑥 내밀자 사냥꾼은 고개를 갸우뚱거리며 물었다.

"죽음을 두려워하지 않는 사람이 없는데, 그대는 무엇 때문에 나더러 배를 쏘라고 하는 거요?"

그러자 수행자가 말했다.

"나는 수행하는 사람이오. 그런데 이 배가 한순간의 굶주림을 참지 못하고 먹겠다는 생각을 했으니 나 역시 이런 위험을 피하지 못한 것입니다. 그러니 나의 배를 쏘라고 한 것입니다."

사냥꾼은 그 말을 듣고 이내 탄식하며 말했다.

"아아, 내가 숲을 돌아다니며 수없이 사자와 호랑이를 만나 위험에 처하는 것도 모두 나의 배 때문이로다!"

• 출전 : 『경률이상』 권19

사람이 죄를 짓는 것은 바로 배를 채우기 위해서이다. 배고픔을 견딜 줄 알라. 배를 다스리지 못한 사람은 쉽게 죄악에 빠진다.

진심으로 뉘우치면

깊은 산 속에서 홀로 열심히 수행하던 스님이 있었다. 근처의 마을 사람들은 한 치의 흐트러짐도 없는 스님의 수행에 감동하여 날마다 음식을 보내주었다. 그러나 세월이 흐르자 사람들은 점점 스님의 존재를 잊어갔고, 결국에는 마을 사람들의 기억 속에서 스님의 존재가 까맣게 잊혀지고 말았다.

하지만 오직 한 사람, 동정심 많은 마을의 어떤 여인이 변함없이 스님에게 음식을 날라다주었다. 날마다 여인 혼자서 숲을 찾아오자 스님의 마음도 조금씩 달라지기 시작했다. 어느새 스님은 그 여인에게 사랑의 감정을 갖게 된 것이다.

스님은 여인에 대한 생각이 떠오를 때마다 망령된 생각을 물리치기 위해 더욱 수행에 열중했다. 그럼에도 불구하고 스님은 여인에 대한 사랑과 계율 사이에서 끝없이 갈등을 일으켰다. 여인 또한 스님을 사랑했으므로 매일 숲을 찾아와 스님을 유혹하였다.

마침내 스님은 여인의 유혹을 이겨내지 못하고 계율을 어겼다. 여인과 사랑을 나눈 후 그는 크게 후회했지만 이미 엎질러진 물이었다. 결국 그는 번민에 시달리다가 미치광이처럼 되어버렸다. 그는 벌거벗은 몸에 가사만 어깨에 걸치고 마을을 뛰어다니며 소리쳤다.

"도둑이야, 도둑이야!"

마을 사람들은 스님의 모습을 보고 큰 충격을 받았다.

"무슨 일입니까? 도둑에게 무엇을 빼앗겼습니까?"

스님은 눈물을 흘리면서 마을 사람들에게 말했다.

"번뇌의 도둑에게 모든 것을 빼앗겼소. 지금까지 이루었던 것을 몽땅 도둑맞았단 말이오."

"그게 무슨 말입니까?"

마을 사람들이 묻자 그는 사람들에게 자신의 죄를 낱낱이 고백했다. 그의 얘기를 들은 사람들은 스님을 가엾게 여기고, 그를 깊이 동정하였다. 그때 한 사람이 스님에게 말했다.

"이곳에 성자 한 분이 계십니다. 그분은 계율에 밝은 분이지요. 그분한테 가면 혹시 스님의 죄를 말끔히 씻어 주실지 모릅니다."

그 말을 들은 스님은 그 길로 성자를 찾아갔다. 그는 성자 앞에서 모든 죄를 고백한 다음, 이렇게 말했다.

"어떻게 하면 제가 지은 죄를 씻을 수 있겠습니까?"

성자는 곰곰이 생각에 잠겨 있다가 입을 열었다.

"네가 참으로 죄를 씻기를 원한다면 방법은 있다."

"그게 무엇입니까?"

"내가 시키는 대로 할 수 있겠는가?"

"제가 지은 죄를 씻을 수 있다면 무슨 일이든지 하겠습니다."

그러자 성자는 땅 위에 커다란 구덩이를 파고, 그 속에 장작을 쌓았다. 장작이 쌓여지자 성자는 그곳에 불을 질렀다. 불길이 맹렬하게 타오르며 뜨거운 화염이 구덩이 속에서 날름거렸다. 성자는 그를 데리고 불구덩이 앞으로 다가섰다.

"네가 저지른 죄를 씻고 싶거든 이 불구덩이 속으로 뛰어들어야 한다."

스님은 아무런 망설임도 없이 불구덩이로 뛰어들었다. 그 순간 성자는 손을 뻗어 스님의 팔을 잡아당겼다. 스님이 뒤를 돌아보며 말했다.

"왜 제 몸을 붙잡으십니까?"

성자는 빙그레 웃으며 그에게 말했다.

"너의 죄는 이제 말끔히 씻기었다. 너의 죄는 이미 소멸되었으니 다시 번뇌에 사로잡히지 말라."

• 출전 : 『비니모경』 권3

누구나 죄를 짓는다. 그러나 참회가 없다면 그가 저지른 사소한 죄는 모두 악업(惡業)이 되어 쌓인다.

불구덩이에 몸을 내던지듯, 진심으로 참회하라. 참회야말로 그를 다시 태어나게 하는 생명수이다. 참회는 용서를 부른다. 그러나 참회 없는 용서는 겉껍데기일 뿐이다. 하루에 한 번만 뒤를 돌아보라. 오늘 내가 찍은 발자국 위에 무엇이 얹혀 있는지.

굳이 예를 들어 설명하자면

수행자 한 사람이 어떤 집에 들어가 구걸을 청하였다. 수행자가 방문하자 집주인은 부인으로 하여금 밥을 보시하게 하였다. 수행자가 바라보니 부인의 모습이 너무나 아름다웠다. 순간, 수행자는 허공에 대고 소리쳤다.

"욕심의 맛! 허물의 재앙! 벗어남!"

그 말을 들은 집주인이 수행자에게 다가가 물었다.

"무엇이 욕심의 맛이고, 무엇이 허물의 재앙이며, 무엇이 벗어남입니까?"

수행자는 미심쩍은 눈으로 주인을 바라보며 말했다.

"꼭 알고 싶습니까?"

"그렇습니다. 비록 세간에 살고 있지만 높은 법문을 듣고 싶습니다."

주인의 대답이 끝나자 수행자는 갑자기 부인을 껴안고 허공으로 들어올렸다. 주인이 깜짝 놀라 물었다.

"이게 무슨 짓입니까?"

"이것이 바로 욕심의 맛이오."

수행자의 대답을 들은 주인은 화가 나서 지팡이로 그를 내리쳤다. 그러자 수행자가 외쳤다.

"이것이 바로 허물의 재앙이오."

주인이 다시 지팡이로 내리치려 하자 수행자는 재빨리 문 밖으로 도망치며 소리쳤다.

"이것이 바로 벗어남이다!"

• 출전 : 『잡비유경』 (도략 集) 22

살아가는 매순간이 욕심의 맛이요, 허물의 재앙이며, 벗어남이다. 그러나 대부분의 사람들은 욕심에 물들었다가 허물의 재앙을 맛본 후, 인생을 후회하며 살아간다.

하지만 문제는 벗어남이다. 어떻게, 어떤 순간에 벗어날 것인가. 현명한 사람은 허물의 재앙을 맛보기 전에, 그곳을 벗어난다.

노여움의 가시

어떤 수행자가 길에서 고행을 하고 있었다. 그는 사람들이 보고 있을 때는 가시덤불 위에 눕고, 사람들이 없을 때에는 나무 밑에 가서 쉬었다. 어떤 사람이 그 모습을 보고 말했다.

"살살 하시오. 억지로 상처를 낼 필요는 없지 않소."

수행자는 그가 비웃는다고 생각하여 보란 듯이 가시덤불에 몸을 내던지며 더 심하게 굴러 다녔다.

그때 또 한 사람이 길을 가다가 그 모습을 보았다. 수행자는 구경꾼이 생기자 더 요란스럽게 가시덤불 위를 구르기 시작했다. 그러자 뒤에 온 사람이 수행자를 향해 말했다.

"당신은 지금까지 가시덤불로 몸을 상하게 했는데, 이제는 노여움이라는 큰 가시로 상처를 내고 있군요."

• 출전 : 『대장엄론경』 권2·7

뽑아버려야 할 것은 마음의 가시이다. 노여움의 가시에 찔린 상처는 더욱 깊다.

분노의 가시를 뽑아라

 어떤 마을에 구두쇠 부부가 살고 있었다. 어느 날, 한 수행자가 찾아와 바리때를 내밀며 밥을 구걸하였다. 마침 집에는 남편이 없었고, 그의 아내만이 집을 지키고 있었다.

 수행자가 문을 열고 들어서며 말했다.

 "저는 걸식을 하며 수행하는 사람입니다. 한 끼니의 식사만 보시해주십시오."

 부인이 말했다.

 "당신이 지금 굶어 죽는다 해도 밥을 줄 수는 없소. 헛고생하지 말고 어서 가시오."

 수행자는 부인의 행동을 안타깝게 여기며 혼잣말로 중얼거렸다.

 "지금 보시하지 않으면 머지않아 피눈물을 흘리리라."

 그러면서 수행자는 그 집을 떠났다. 수행자가 떠나자 부인은 그가 자신을 욕했다고 생각하여 분한 마음이 들었다. 그리하여 남편이 오자마자 일러바쳤다.

 "그놈의 승려가 나를 욕보였어요. 당신이 오지 않았다면 나는 죽고 말았을 거예요."

남편은 승려가 아내를 희롱했다고 생각하고는 급히 활과 칼을 들고 집을 나섰다. 남편은 숨을 헐떡이며 수행자가 머물고 있는 초막으로 달려가 문을 두드렸다. 그러나 수행자는 문을 꼭 닫아건 채 열어주지 않았다. 남편은 발로 문을 차며 소리쳤다.

"어서 문을 열어라!"

수행자가 근엄한 목소리로 대답했다.

"이 문을 열게 하려거든 먼저 그 활과 칼을 버리시오."

남편은 화가 머리끝까지 치밀었으나 꾹 참았다. 일단 활과 칼을 버린 뒤 문을 열게 하고, 그 다음에 주먹으로 혼을 내주면 될 것이었다. 남편은 활과 칼을 버리고 다시 문을 두드렸다.

"활과 칼을 버렸으니 어서 문을 열어라!"

그러나 문은 여전히 열리지 않았다. 남편이 더 큰 목소리로 외쳤다.

"활과 칼을 버렸는데 왜 문을 열지 않는가?"

그대 수행자의 낮은 목소리가 들려왔다.

"그대는 아직도 활과 칼을 버리지 않았소."

"무슨 소리인가? 내 손에는 아무것도 없지 않은가?"

"쯧쯧, 나는 그대 마음속에 숨어 있는 활과 칼을 버리라고 한 것이지 그대 손에 들려 있는 활과 칼을 버리라고 한 것이 아니오."

그 말을 들은 남편은 뭔가 확연히 깨우치는 바가 있었다. 남편이 분노의 마음을 놓아버리자 스르르 문이 열렸다. 수행자가 말했다.

"어서 오십시오."

• 출전: 『근본설일체유부비나야』 권43 | 『법구비유경』 권1 「다문품」 / 『경률이상』 권5

진짜 무서운 무기는 활과 칼이 아니다. 그것은 마음속에 날이 서있는 분노의 가시이다. 사람을 해치는 것은 손에 든 무기가 아니라, 분노의 마음이다.

네 안의 황금을 보라

 매우 가난한 사람이 있었다. 어느 날, 그는 몹시 술에 취하여 가까운 친구를 찾아갔다가, 몸을 가누지 못하고 그의 집에서 잠이 들고 말았다. 때마침 친구는 일 때문에 급히 외출을 해야 했다.

 친구는 문을 나서려다 세상모르고 잠들어 있는 가난한 친구를 보고는 측은한 마음이 들었다. 그리하여 그는 친구가 입고 있는 옷감 안쪽에 값진 보석을 몰래 넣어주고 그대로 외출했다.

 술에서 깨어난 사내는 친구가 보이지 않자 친구의 집에서 나와 돈벌이를 하기 위해 먼 곳으로 떠났다. 그는 이곳저곳 품팔이를 하며 떠돌아다녔지만 근근이 입에 풀칠을 할 정도였다. 자신의 옷 안쪽에 값비싼 보석이 있는 줄은 꿈에도 생각하지 못했다.

 수십 년 동안 품팔이를 하던 사내는 나이가 들어 고향으로 돌아왔다. 하지만 변변히 벌어놓은 것이 없어서 그의 가난은 여전했다. 어느 날, 그는 거리를 걷다가 우연히 옛 친구를 만나게 되었다. 친구는 그의 남루한 행색을 보고 혀를 차며 말했다.

"아직도 그대로군. 딱하게도 지금까지 이렇게 고생을 하고 있다니! 그래, 내가 주었던 보석은 벌써 팔아먹은 것인가?"

그 얘기를 들은 사내는 깜짝 놀라 되물었다.

"보석이라니?"

"벌써 잊은 것인가? 오래 전, 우리 집에 찾아왔을 때 내가 자네의 옷감 안쪽에 값비싼 보석을 넣어두지 않았나?"

그제야 사내는 다 낡은 옷을 벗어 안쪽을 더듬어보았다. 친구의 말대로 옷감 안쪽에는 값비싼 보석이 매어져 있었다. 그것을 본 사내는 자신의 신세를 한탄하며 탄식을 쏟아냈다.

"아아, 진작 말해주지 그랬나. 일찍 알았더라면 수십 년 동안 세상을 떠돌며 고생하지 않았을 것을."

• 출전 : 『묘법연화경』 권4 「오백제자수기품」 / 『금강삼매경』 「본각리품」

가장 값진 보석은 내 안에 있다. 단지 우리는 내 손에 수만금의 보석을 갖고 있으면서도 그것을 깨닫지 못할 뿐이다. 내 안을 들여다보라. 내 안에 쌓여 있는 보물은 얼마인가?

나쁜 싹은 애초부터 잘라버려라

울창한 숲에 황금빛 기러기 한 마리가 살고 있었다. 기러기는 먹이를 구하러 갈 때나 먹이를 먹고 둥지로 돌아올 때마다 커다란 참나무 가지에 앉아 쉬었다. 이렇게 매일 기러기가 찾아오자 참나무는 그와 친구가 되었다.

그러던 어느 날, 참새 한 마리가 다른 나무의 열매를 쪼아 먹고 참나무에 앉아 있다가 똥을 쌌다. 그러자 똥 속에 들어 있던 씨앗이 싹을 틔워 나무 밑에서 넝쿨이 자라기 시작했다.

기러기가 참나무에게 타일렀다.

"네 발 밑에서 넝쿨이 자라고 있어. 넝쿨은 다른 나무를 타고 올라가 기생하며 살아. 그러니 더 자라지 못하도록 하는 게 좋을 거야."

하지만 참나무는 그 말을 듣지 않았다.

"내 가지를 타고 올라오면 내 몸을 덮어줄 거야. 그러면 바람이 불거나 비가 내려도 나를 보호할 수 있을 거야."

이윽고 넝쿨은 점점 자라 참나무를 온통 뒤덮어버렸다. 넝쿨은 곧 햇볕을 가리고, 땅 밑의 양분을 모두 빼앗아갔다. 넝쿨은 더욱 무성하게 자라고, 참나무는 넝쿨에

칭칭 감겨 숨조차 제대로 쉴 수 없었다. 넝쿨은 이제 점점 자라 참나무 몸집의 몇 배나 되었다. 그리하여 참나무는 점점 말라죽고, 그 자리는 넝쿨이 차지하고 말았다.

참나무는 죽어가면서 후회했다.

"진작 기러기의 말을 들을걸."

• 출전 : 『본생경』 370·412/ 『대지도론』 권27·42

밭의 잡초는 싹부터 뽑아내야 한다. 잠시 게으름을 피우면 밭은 금세 잡초로 뒤덮이고 만다. 사람도 마찬가지다. 나쁜 생각은 떠오르는 순간에 잘라버려야 한다. 잠시만 방치해도 내 몸을 뒤덮어버리기 때문이다.

세상에서 가장 큰 고통

비둘기, 까마귀, 독사, 사슴이 모여 서로 이야기를 나누고 있었다.

"세상에서 가장 괴로운 고통은 무엇일까?"

까마귀가 대답했다.

"당연히 굶주림이지."

비둘기가 대답했다.

"아냐. 색욕(色慾)일 거야."

독사가 대답했다.

"그건 분노야. 분노는 남을 죽이기도 하고, 때로는 자신까지 죽이거든."

사슴이 대답했다.

"두려움이야. 두려움이 없다면 얼마나 편안해지겠니."

네 마리의 짐승은 서로 자신의 말이 옳다고 주장했기 때문에 결론을 내릴 수 없었다. 그래서 네 마리의 짐승은 수행에 열중하고 있는 스님을 찾아가 대답을 구하기로 했다.

네 마리의 짐승이 스님에게 물었다.

"세상에서 가장 큰 고통은 무엇입니까?"

스님이 대답했다.

"세상에서 가장 큰 고통은 몸을 가지고 있는 것이다. 몸이야말로 괴로움의 그릇이다. 굶주림이나 색욕, 분노와 두려움도 모두 몸이 있기 때문에 생겨나는 것이다."

• 출전 : 『경률이상』 권18/ 『법구비유경』 권3 「안녕품」

무릇 몸은 온갖 괴로움의 근본이요, 모든 재앙의 근원이다. 마음을 괴롭히는 온갖 실마리가 몸으로부터 생겨나기 때문이다. 색욕보다 뜨거운 것은 없고, 성냄보다 더한 독(毒)이 없으며, 몸보다 더한 괴로움은 없다. 그러므로 고통에서 벗어나고자 하는 사람은 먼저 내 몸으로부터 항복을 받아내야 한다.

두 개의 머리를 가진 새

머리를 두 개 가진 새가 있었다. 새는 머리가 두 개여서 여간 불편한 것이 아니었다. 그래서 새는 두 개의 머리를 이용하여 편하게 살 수 있는 방법을 생각해냈다.

왼쪽 머리가 오른쪽 머리에게 말했다.

"한쪽이 잠자고 있을 때 한쪽이 깨어 있으면 아무도 우리를 해치지 못할 거야. 그러니까 오늘부터는 교대로 잠을 자는 것이 어떻겠니?"

오른쪽 머리는 좋은 생각이라 여기고 그렇게 하기로 약속했다.

어느 날, 오른쪽 머리는 잠을 자고 왼쪽 머리는 불침번을 서고 있었다. 그때 바람이 불어 맛있는 열매가 둥지 옆에 떨어졌다. 깨어 있던 왼쪽 머리는 오른쪽 머리 몰래 그 열매를 먹어버렸다. 때마침 오른쪽 머리가 눈을 떠 그 모습을 보고는 소리쳤다.

"맛있는 먹이가 생겼으면 나눠 먹어야지!"

"우리는 머리가 둘이지만 몸은 하나야. 뱃속에 들어가면 어차피 마찬가지지 뭐."

왼쪽 머리가 변명했지만 오른쪽 머리의 기분은 풀리

지 않았다. 왼쪽 머리가 미웠지만 서로 떨어져 살아갈 수도 없는 노릇이었다.

그러던 어느 날, 새는 나무 위에 앉아 있다가 독을 가진 열매를 발견했다. 그것을 본 오른쪽 머리는 엉뚱한 생각을 품었다.

"저 열매를 먹으면 왼쪽 머리가 죽어버릴 거야."

오른쪽 머리는 왼쪽 머리가 잠들 때를 기다렸다가 독이 있는 열매를 먹어버렸다. 새는 금세 복통을 일으켰다. 아픔을 참지 못하던 왼쪽 머리가 잠에서 깨어나 소리쳤다.

"도대체 뭘 먹은 거야?"

오른쪽 머리가 대답했다.

"독 열매를 먹었어."

"뭐라고? 왜 그런 짓을……."

왼쪽 머리의 입에서 피가 흘러나왔다. 그 모습을 바라보며 좋아하던 오른쪽 머리의 입에서도 피가 흘러나오기 시작했다. 결국 두 개의 머리를 가진 새는 그 자리에서 죽었다.

• 출전 : 『불본행집경』 권59 「바제리가등인연품」 / 『잡보장경』 권3·31

타인을 향한 분노의 불길은 결국 자신을 태운다.

남의 떡이 커 보인다

 주인을 잃은 개 한 마리가 강가에 살고 있었다. 강 양쪽에는 각각 절이 한 채씩 있었는데, 개는 끼니때만 되면 양쪽 절을 오가며 밥을 얻어먹었다.

 어느 날, 강 한가운데서 목욕을 하고 있던 개는 절에서 끼니때를 알리는 종소리를 들었다. 개는 두 절에서 울리는 종소리를 듣고는 어느 쪽 절로 가야 할지 잠시 망설였다.

 개는 고민 끝에 서쪽 절로 헤엄쳐 갔다. 한참을 가던 개가 헤엄을 멈추고 생각했다.

 '아냐. 동쪽 절의 밥이 맛이 있어.'

 개는 몸을 돌려 동쪽으로 헤엄치기 시작했다. 그러나 한참을 가던 개는 다시 헤엄을 멈추고 생각했다.

 '아냐. 서쪽 절의 반찬이 맛이 있어.'

 개는 다시 서쪽으로 헤엄치기 시작했다. 그러나 강 언덕에 닿을 때마다 개는 생각을 고쳐먹었다. 그렇게 강을 오가다가 개는 결국 물속에 빠져죽었다.

• 출전 : 『경률이상』 권44

사람들은 미련을 버리지 못하기 때문에 마땅히 가져야 할 한 가지 조차 얻지 못한다. 하나를 버리면 당장 곤경을 벗어날 수 있음에도 불구하고, 둘을 갖고 싶은 욕망 때문에 스스로를 망치는 것이다.
일단 길을 선택했으면 무소의 뿔처럼 홀로 가라. 번뇌를 여읜 수행 자처럼, 뒤돌아보지 말라. 걸음만 더뎌질 뿐이다.

엉뚱한 화풀이

어떤 스승이 두 사람의 제자를 두었다. 그러나 두 제자는 서로 시기하고 질투하며 항상 다투었다.

어느 날, 스승이 두 제자를 불러 말했다.

"다리가 뻐근하니 너희들이 주물러줘야겠다."

두 제자는 스승의 다리 하나씩을 맡아 주무르기 시작했다. 그런데 얼마 지나지 않아 두 제자는 서로를 헐뜯으며 싸우기 시작했다. 그러다가 오른쪽에 앉은 제자가 다른 제자가 주무르던 스승의 왼쪽 다리를 부러뜨렸다.

그러자 왼쪽 다리를 주무르던 제자가 소리쳤다.

"왜 내가 주무르던 다리를 부러뜨리는 거야! 어디 맛 좀 봐라!"

그는 자리에서 벌떡 일어나 스승의 오른쪽 다리를 부러뜨려버렸다.

• 출전 : 『백유경』 53

옳고 그름에 관계없이 싸움은 모두를 잃게 만든다. 싸움이란 결국 옳은 자의 '옳음'을 잃게 하고, 그른 자의 '그름'을 드러내기 때문이다.

세상에서 가장 무서운 적

어떤 씨름꾼이 시장 한복판에 와서 옷을 벗고는 허벅지를 두드리며 외쳤다.

"나는 남쪽에서 가장 힘센 씨름꾼이다. 나와 대적할 만한 자가 있으면 나오너라!"

사람들이 모여들었지만 그의 당당한 위세에 눌려 선뜻 나서는 사람이 없었다. 그때 한 수행자가 걸식을 하려고 나왔다가 그 씨름꾼을 보고 말했다.

"힘센 사람을 찾고 있는가?"

"그렇소."

그러자 수행자는 엉거주춤한 자세로 씨름꾼 앞으로 나섰다. 사람들이 그 모습을 지켜보다가 안타까운 표정으로 혀를 찼다. 어디를 보아도 가냘픈 체구의 수행자는 씨름꾼의 상대가 되지 못할 것 같았다. 그러나 수행자는 씨름꾼 앞에 서서 말했다.

"그럼 당신은 나와 겨루겠소? 아니면 나를 이길 수 있는 사람과 겨루겠소?"

씨름꾼이 코웃음 치며 말했다.

"당신 같은 사람이 어찌 나와 싸울 수 있겠소? 당연

히 당신보다 힘센 사람과 겨뤄야지."

"하지만 당신은 도저히 그를 이길 수 없을 것이오."

"일단 겨뤄봐야지"

수행자가 빙긋이 미소를 지으며 말했다.

"나보다 힘이 센 것은 바로 탐욕과 노여움과 어리석음이오. 당신은 그들과 싸워 이길 수 있겠소?"

씨름꾼은 잠시 고개를 갸우뚱하더니 이내 아무 말도 하지 못하고 조용히 물러섰다.

• 출전 : 『근본설일체유부비나야』 권43

이 세상에서 가장 무서운 적은 나 자신이다. 나의 몸은 감각적 욕망으로 가득 차 있다. 아무리 용맹한 사람도 욕망을 넘어서기는 쉽지 않다. 그러므로 가장 위대한 전사는 자신과의 싸움에서 끝내 이기는 자이다. 그는 횃불을 들고 스스로의 집을 불사른다.

놓으면 열린다

 외진 곳에 오래된 집 한 채가 있었다. 마을 사람들은 그 집에 나쁜 귀신이 있다고 생각했다. 그래서 모두들 두려워하며 감히 그 집에 가려 하지 않았다.
 그때, 스스로 용기가 있다고 뻐기는 사내가 마을 사람들을 모아놓고 말했다.
 "이 마을엔 겁쟁이밖에 없군요. 다들 빈집을 무서워하니 내가 그 집에 들어가 하룻밤을 지내겠소."
 그는 큰소리를 치며 빈집으로 들어갔다. 그가 빈집으로 향한 뒤 또 다른 사내가 마을에 나타나 사람들에게 말했다.
 "내 용기를 따를 만한 자는 없소. 내가 귀신을 잡아 여러분 앞에 보이겠소."
 날이 어두워지자 두 번째 사내도 빈집으로 향했다. 집 앞에 이르러 마당으로 들어서니 낡은 방이 하나 보였다. 두려움이 엄습했지만 그는 용기를 내어 방 앞으로 걸어갔다. 방문이 닫혀 있는 것을 확인한 그는 손을 뻗어 방문을 밀었다.
 한편, 이미 방에 들어와 있던 사내는 문 밖에서 이상

한 소리가 들리자 덜컥 겁이 났다.

'이크, 귀신이 나타난 모양이다.'

그는 귀신이 들어오지 못하도록 힘껏 문을 밀었다. 그러자 밖에서도 더욱 힘을 내어 문을 열려고 하는 것이었다. 뒤에 도착한 사내 역시 문이 열리지 않자 덜컥 소름이 돋았다.

'틀림없이 귀신이 방 안에 있구나!'

두 사람은 젖 먹던 힘까지 짜내 서로 문을 밀었다. 결국 두 사람은 문을 맞대고 선 채 힘을 쓰다가 아침을 맞았다. 날이 밝아서야 두 사람은 밤새 문을 민 것이 귀신이 아니라는 것을 알았다.

• 출전: 『백유경』 64 / 『경률이상』 권19 / 『대지도론』 권91

한 사람이 양보하면 다툼의 원인은 해소된다. 진정한 용기는 상대방을 거꾸러뜨리는 것이 아니라 먼저 뒤로 물러서는 것이다. 먼저 문고리를 놓고 한 걸음 물러서라. 닫혀 있던 마음이 비로소 열릴 것이다.

어디에 부채질하는가

어떤 사람이 어리석은 친구를 찾아갔다. 손님이 오자 어리석은 친구는 꿀을 대접하기로 하고 숯불 위에 올려 달이기 시작했다. 꿀이 끓기 시작하자 그는 숯불 위에 있는 그릇을 내려놓으려 했지만 뜨거워서 잡을 수가 없었다.

그러자 부채를 들고 나와 부치기 시작했다. 그 모습을 보고 있던 손님이 친구에게 물었다.

"왜 부채로 부치는가?"

"그릇을 식히려고 그러네."

그러나 부채질을 하자 오히려 숯불이 활활 타올랐다. 손님이 어리석은 친구를 비웃으며 말했다.

"아직 숯불이 꺼지지 않았는데, 부채로 부친다고 그릇이 식겠는가?"

• 출전 : 『백유경』 12

그릇을 식히려면 불부터 끄고 그릇을 숯불에서 내려놓아야 한다. 마찬가지로 뜨거운 욕망을 식히려면, 내 안의 욕망을 아예 내려놓아야 한다.

머리와 꼬리의 싸움

한 마리의 뱀이 나무 곁을 지나게 되었다. 뱀의 머리가 꼬리에게 말했다.

"내가 어른이야. 그러니 내가 먼저 가야지."

꼬리가 머리에게 말했다.

"무슨 소리야. 난 민첩하고 날렵해서 작은 틈도 지나갈 수 있어."

다시 머리가 꼬리에게 말했다.

"웃기는 소리 하지 마. 나에게는 귀가 있어 들을 수 있고, 눈이 있어 볼 수 있고, 입이 있어 먹을 수 있지. 네가 살아 있는 건 다 나 때문이란 말이야."

그러자 꼬리는 머리를 비웃으며 대답했다.

"너야말로 웃기는 소리 하지 마. 넌 나 때문에 움직일 수 있는 거야. 만약 내가 나무기둥을 감고 있으면 네가 어떻게 움직이지?"

머리와 꼬리의 다툼은 좀처럼 끝날 기미를 보이지 않았다. 꼬리는 얼른 나무기둥을 세 바퀴 감은 다음 사흘 동안이나 풀지 않았다. 사흘 동안 움직이지 못한 뱀은 먹이를 구할 수 없어 점점 굶주리게 되었다. 결국 머리가 꼬리에게 말했다.

"그래, 네가 어른이다. 그러니 얼른 감은 것을 풀어라."

그 말을 듣고 꼬리는 즉시 나무를 감고 있던 몸을 풀었다. 머리가 몹시 피곤한 기색으로 꼬리에게 말하였다.

"네가 어른이니, 먼저 가거라."

꼬리가 우쭐해하며 앞서 가기 시작했다. 하지만 몇 걸음 가지 못해 불구덩이에 떨어져 죽고 말았다.

• 출전 : 『백유경』 54/ 『경률이상』 권48/ 『잡비유경』 25

스스로의 갈등을 평정하지 못하면, 끝내 불행의 나락으로 떨어지고 만다.

하늘이 알고 땅이 안다

 어떤 수행자가 여행을 하고 있었다. 어느 날 그는 길을 잘못 들어 점점 깊은 숲 속으로 걸어 들어갔다. 그때 마침 나뭇가지에 옷이 걸렸는데, 입은 옷이 너무 낡아 속옷의 끈이 풀어지고 말았다. 끈이 풀어지자 입고 있던 속옷이 땅에 떨어지고, 수행자는 알몸이 되어버렸다.

 수행자는 곧 좌우를 살피며 몰래 옷을 당겨 입었다. 그때 숲의 산신(山神)이 그 모습을 바라보고 있다가 수행자에게 물었다.

 "이곳은 깊은 숲 속이오. 지금까지 어떤 사람도 이곳을 지나간 일이 없고, 더구나 땅에 옷을 떨어뜨린 일은 없었소. 아무도 보는 사람이 없는데, 당신은 왜 그렇게 몰래 옷을 챙겨 입습니까?"

 수행자가 대답했다.

 "천만의 말씀입니다. 방금 산신께서 저를 바라보고 있지 않았습니까? 또 하늘에서는 해와 달이 내려다보고 있는데 어찌 함부로 알몸을 드러낼 수 있겠습니까? 부끄러움을 알지 못하면 부처님의 제자가 될 수 없습니다."

• 출전 : 『구잡비유경』下·59

완벽히 숨을 곳은 없다. 밤 말은 쥐가 듣고 낮말은 새가 듣는다. 더 이상 피할 곳도 없다. 하늘이 알고 땅이 알고, 스스로가 알기 때문이다. 마음의 그늘을 벗어던져라. 그늘 속에 숨는다 해도 자기 자신을 속일 수는 없다.

번뇌가 스며드는 틈

 아소카 왕의 아우 제수(帝須)는 늘 부처님을 비방하고 다녔다. 어느 날 아우는 사냥을 나갔다가 숲 속에서 수행을 하고 있는 스님을 만났다.
 아우가 스님에게 물었다.
 "고행을 시작한 지 몇 해나 됩니까?"
 "12년째입니다."
 "그럼 무엇을 먹습니까?"
 "나무열매와 풀뿌리를 먹습니다."
 "무엇을 입으십니까?"
 "풀로 짠 옷을 입습니다."
 "어디서 잡니까?"
 "나무 밑에 풀을 깔고 잡니다."
 스님의 대답을 들은 아우는 도저히 그 말을 믿을 수가 없었다. 아우는 스님의 말이 모두 거짓이라고 생각했다.
 '스님들은 늘 잘 입고 맛있는 것을 먹는데, 어떻게 번뇌가 생기지 않을 수 있겠는가. 저 사람이 번뇌에서 벗어났다는 것은 거짓말이다. 형은 그것도 모르고 땡추들에게 속고 있는 것이다.'

왕이 아우의 생각을 알고 대신들에게 명했다.

"아우에게 왕의 옷을 입히고 왕의 자리에 앉히시오."

대신들이 억지로 아우를 왕위에 앉히자 마침 아소카 왕이 들어와 버럭 화를 내며 꾸짖었다.

"아직 왕이 죽지도 않았는데, 네가 감히 왕의 자리에 앉아 있다니! 어서 저 역적의 목을 베어라!"

호위병들이 무기를 들고 아우를 포위하자 한 대신이 왕에게 아뢰었다.

"왕께서는 제발 노여움을 푸십시오."

그러자 기다렸다는 듯 왕이 대답했다.

"아우가 정말 왕이 되어보고 싶은 모양이오. 그러니 앞으로 7일 동안 왕이 되게 하겠소. 하지만 7일 동안 왕 노릇을 제대로 하지 못한다면 목을 베어버리겠소."

그날 이후 아소카 왕은 날마다 성대한 연회를 베풀고 아름다운 미녀들로 하여금 아우를 모시게 했다. 그러고는 아우가 도망치지 못하도록 망나니에게 긴 칼을 들고 문을 지키게 했다.

이윽고 7일째가 되자 아우는 급히 아소카 왕에게 찾아가 왕위를 돌려주겠다고 청했다. 아소카 왕이 물었다.

"7일 동안 왕이 되어보니 즐겁더냐?"

아우는 고개를 절레절레 흔들며 대답했다.

"저는 7일 동안 보지도 못했고, 듣지도 못했으며, 맛있는 음식을 맛보지도 못하였습니다. 어떻게 하면 7일을 버텨 죽음에서 벗어날 수 있을지 고민했을 뿐입니다. 저는 7일 동안 밤낮조차 구별하지 못했습니다."

왕이 빙긋이 웃으며 아우에게 말했다.

"그렇다. 부처님의 제자들도 너와 같아. 오직 수행에 열중하는 자는 어떠한 번뇌도 일으키지 않는다."

아우는 그 말을 듣고 크게 깨우쳐 마침내 출가를 결심했다.

- 출전 : 『아육왕경』/ 『경률이상』 권33/ 『출요경』 권6 「무방일품」
- 이 이야기는 서양 고사인 '다모클레스의 칼'과 비슷한 점이 많다. 기원전 4세기 시라쿠사의 왕이었던 디오니시오스(B.C.430~B.C.367)는 권력을 잡기 위해 수많은 정적들을 처형했다. 그는 보복을 두려워하여 항상 갑옷을 입고, 매일 밤 침실을 바꾸어 사용했다. 그가 총애하는 부하 중에 다모클레스라는 사람이 있었다. 그는 늘 왕의 자리를 부러워했는데, 이 사실을 안 디오니시오스는 그를 연회에 초대하여 국왕의 의자에 앉혔다. 국왕의 의자에 앉아 보니 다모클레스는 무척 기분이 좋았다. 연회가 끝날 무렵, 왕이 다모클레스를 바라보며 말했다.
"천장을 올려다보게!"
다모클레스가 고개를 들어 머리 위를 쳐다보니 천장에 날카로운 칼이 매달려 있었다. 더구나 그 칼은 한 올의 말꼬리 털에 의해 지탱되고 있었다. 여차하면 칼이 떨어져 몸이 두 동강으로 갈라질 찰나였다. 다모클레스는 식은땀을 흘리며 금세 사색이 되었다. 그러자 디오니시오스가 그에게 다가와 말했다.
"이것이 바로 내가 앉아 있어야 하는 자리네. 왕의 신변엔 늘 위험이 도사리고 있는 법이지."
다모클레스의 일화는 권력의 무상함을 이야기하는 것이지만, 아소카 왕의 일화는 같은 구조의 이야기를 통해 몰입과 집중의 의미를 말해주고 있다.

허술하게 지은 지붕에 비가 새듯이 수양이 없는 마음에는 탐욕의 손길이 스며든다. 잘 덮인 지붕에는 비가 새지 않듯이 수양이 잘 된 마음에는 탐욕의 손길이 스며들지 않는다(『법구경』「쌍요품」).

부럽다, 귀신

어떤 수행자가 깊은 산 속에서 도를 닦고 있었다. 마침 귀신 하나가 수행자의 참선을 방해하기 위해 머리가 없는 형상으로 나타나 이리저리 돌아다녔다. 그 모습을 본 수행자가 귀신을 향해 말했다.

"야, 넌 참 좋겠구나. 머리가 없으니 두통이란 것도 모르고, 눈과 귀가 없으니 더러운 모습과 소리도 알지 못하겠구나."

기분이 상한 귀신은 다시 몸뚱이가 없는 사람의 모습으로 변하여 나타났다. 그러자 수행자가 다시 귀신에게 말했다.

"정말 부럽구나. 몸이 없으니 아픔이나 가려움도 모를 것이고, 내장이 없으니 병도 들지 않겠네."

자존심이 상한 귀신이 이번에는 손발이 없는 사람의 모습으로 나타났다. 수행자가 그 모습을 보고 말했다.

"야, 정말 좋겠다. 손발이 없으니 나다니지 않아도 되고, 남의 물건을 훔칠 수도 없을 테니까."

그 말을 들은 귀신은 수행자의 뜻을 꺾을 수 없음을 깨닫고 이내 머리를 조아리며 말했다.

"그대는 반드시 뜻을 성취할 것입니다."

귀신은 단정한 사람의 모습으로 변하여 수행자의 발에 공경의 예를 올린 후 그 자리를 떠났다.

• 출전 : 『구잡비유경』 下 · 58/ 『경률이상』 권19

마음이 곧은 사람에게는 헛것이 보이지 않는다.

몰입의 힘

어느 나라의 왕이 지혜로운 사람을 뽑아 재상으로 삼으려 했다. 마침 왕은 지혜롭기로 소문난 사람이 있다는 소식을 들었다. 왕은 그가 어떤 사람인가 시험하고 싶어 일부러 그에게 중한 죄를 뒤집어씌운 후 다른 신하에게 명하였다.

"그 죄인에게 기름을 가득 담은 그릇을 받쳐 들고 궁궐에서 20리 떨어진 동산까지 옮기라고 전하라. 만약 가는 동안에 단 한 방울이라도 기름을 흘리면 그의 머리를 베어 가지고 오라."

신하들은 그를 잡아다가 기름을 가득 담은 그릇을 건네주며 왕의 명령을 전했다. 그릇을 받아든 그는 걱정이 태산 같았다.

'한 방울의 기름도 흘리지 않고 20리를 간다는 것은 불가능하다. 성 주변에는 오가는 사람도 많고, 수레와 구경꾼들도 길을 가득 메우고 있다. 기름이 가득 채워진 그릇을 받쳐 들고는 겨우 일곱 걸음도 가지 못할 것이다.'

그는 마음의 갈피를 잡지 못하고 두려워했다. 그러나 왕의 명령이었으므로 거부할 수도 없었다. 그는 오직 기름 그릇에만 정신을 집중하고, 편안한 동작으로 천천히 걸음을 걸었다.

그가 움직이기 시작하자 수많은 사람들이 모여들어 이를 구경하였다. 사람들이 그의 모습을 보며 수군거렸다.

"저 사람은 흡사 처형장에 끌려가는 죄수 같군."

그 소식이 급기야 집에까지 전해지자 그의 가족들이 모두 달려왔다. 가족들은 그가 있는 곳에 이르자 슬피 울면서 애달파했다. 하지만 그의 정신은 온통 그릇에만 집중되어 있어서 부모형제조차 눈에 보이지 않았다.

그가 몇 걸음을 옮기자 구경꾼들이 일제히 따라 움직였다. 구경꾼의 숫자가 워낙 많았기 때문에 거리는 사람들이 서로 밀고 당기느라 아수라장이 되었다.

그때 아름다운 여인 한 사람이 앞으로 다가왔다. 그 여인은 성안에서 가장 아름답기로 소문난 미인이었다. 사람들이 그녀를 보기 위해 밀고 당겼지만 그는 조금도 정신을 팔지 않았다. 오직 그릇에만 정신을 집중한 채, 두리번거리거나 주위를 살피지도 않았다.

또, 몹시 큰 코끼리가 길거리로 뛰어들어 왔다. 그러자 시장에서 물건을 팔던 상인들이 모두 물건을 거두고 문을 닫았으며, 구경꾼들도 코끼리를 피해 달아났다. 하지만 그는 전혀 동요하지 않고, 한 걸음 한 걸음 앞으로 걸어갔다.

한참을 걸으니 불난 집이 보였다. 불은 순식간에 집을 태워버리고 점차 이웃집으로 번졌다. 그리고 거센 바람이 불어 흙먼지가 길을 가득 메웠으며, 나무가 뽑히고 가지가 꺾였다. 그러나 그는 마음을 크게 먹고 조금도 동요하지 않았다.

이윽고 그는 기름 한 방울 흘리지 않은 채 무사히 목적지에 도착했다. 신하들이 그 모습을 확인하고 왕에게 아뢰었다. 왕은 그 말을 듣고 찬탄하며 말했다.

"이 사람은 진정한 영웅이다. 가족과 미녀, 코끼리와 불의 환난, 그리고 바람과 우레도 두려워하지 않았다. 이런 사람이야말로 재상으로 삼을 만한 사람이다."

• 출전: 『수행도지경』 권3 「권의품」 / 『잡아함경』 권24 「세간경」 / 『경률이상』 권29

호랑이에게 물려가도 정신만 차리면 된다. 어떤 일에 몰입한 사람의 눈에는 그것 외에 아무것도 보이지 않으며, 귀에는 아무것도 들리지 않는다.

『화엄경』 「야마궁중게찬품」에 일체유심조(一切唯心造)라는 말이 나온다. '마음이 몸에 있지 않고(心佛住於身), 몸도 마음에 있는 것은 아니지만(身亦佛住心)······ 모든 것은 오직 마음먹기에 달려 있다(一切唯心造).'

삼켜야 할 것과 뱉어야 할 것

 늙고 야윈 고양이 한 마리가 쥐구멍 앞에 앉아 먹이를 잡아먹을 기회를 엿보고 있었다. 그 쥐구멍 안에는 갓 낳은 새끼가 있었다.

 고양이가 숨을 멈추고 끈질기게 기다리고 있자니 이윽고 쥐새끼 한 마리가 구멍 밖으로 고개를 내밀었다. 순간 고양이는 재빨리 쥐새끼를 물어 살아 있는 채로 삼켜버렸다.

 쥐새끼의 몸이 워낙 작았으므로 고양이 뱃속으로 들어가서도 여전히 목숨을 부지할 수 있었다. 그날부터 새끼 쥐는 고양이의 내장을 뜯어먹으며 목숨을 연명했다.

 새끼 쥐가 점점 자라나 내장을 파먹기 시작하자 고양이는 고통을 이기지 못하고 이리저리 날뛰기 시작했다. 결국 고양이는 미친 듯이 뛰어다니다가 피를 토하며 죽고 말았다.

• 출전 : 『잡아함경』 권47 「묘경」 / 『경률이상』 권47

색깔이 화려한 버섯에는 독이 묻어 있고, 아름다운 무늬를 가진 뱀은 날카로운 독니를 갖고 있다. 아름다운 장미일수록 그 가시가 굵고, 겉모습이 번드르르한 사람일수록 그 속은 검다.

겉모습에 현혹되지 말라. 조급하게 달려들지도 말라. 겉이 먹기 좋다고 해서 단숨에 삼켜버리는 것은 몸속에 화를 키우는 것이다.

사소한 갈등의 결과

어떤 부잣집에 심부름하는 여종이 있었다. 그녀는 창고에 쌓여 있는 보리와 콩을 관리하는 일을 맡고 있었다. 그런데 그 집에서 기르는 숫양 한 마리가 문제였다.

여종이 자리를 비울 때면 숫양은 몰래 창고에 들어와 쌓아놓은 보리와 콩을 먹어치웠다. 숫양이 먹어치운 곡식이 한 가마니나 되자 주인은 늘 여종을 불러 꾸짖었다. 주인에게 혼쭐난 여종은 늘 숫양을 원망하며 말했다.

"내가 주인한테 혼나는 것은 모두 저 양 때문이야."

이후 여종은 늘 막대기를 들고 다니며 숫양을 볼 때마다 때렸다. 양도 화가 나서 날카로운 뿔로 여종을 들이받았다. 그러니 둘 사이의 싸움 때문에 집안은 하루도 잠잠할 날이 없었다.

그러던 어느 날, 여종은 아궁이에 불을 지피기 위해 불씨를 들고 부엌으로 향했다. 숫양은 그녀가 막대기를 들지 않은 것을 알고 재빨리 뿔을 치켜세우고 달려들었다. 그러자 여종의 손에 들려 있던 불씨가 양의 등에 떨어졌다.

수북이 자란 양털 위에 불씨가 떨어지자 양은 곧 불

길에 휩싸였다.

"앗 뜨거워! 앗 뜨거워!"

뜨거운 불을 참지 못한 숫양은 온몸에 불이 붙은 채 사방으로 날뛰었다. 그 바람에 온 집이 불길에 휩싸여 모든 것이 잿더미로 변하고 말았다.

• 출전 : 『잡보장경』 권10 · 121/ 『불설보살본행경』 中

사소한 갈등이 큰 화를 부른다. 집안이 망하는 것은 가족간의 불화 때문이고, 조직이 망하는 것은 시기와 모함 때문이며, 나라가 망하는 것은 권력 다툼 때문이다. 또한 내가 망하는 것은 내 안의 작은 갈등 때문이다. 결국 작은 불씨가 걷잡을 수 없는 들불이 되는 것이다.

말 안 해도 알겠지?

몇 사람이 방 안에 모여 앉아 그 자리에 참석하지 않은 어떤 친구에 대해 얘기하고 있었다. 그들은 친구의 좋은 점을 얘기하며 칭찬하고 나서 안타까운 표정으로 말했다.

"그 녀석은 다 좋은데 성미가 너무 급해. 그래서 곧잘 경망스럽게 화를 내는 게 단점이지."

그때 마침 친구가 지나가다가 방 안에서 사람들의 얘기를 엿들었다. 그는 참지 못하고 불쑥 방 안으로 뛰어들어 다짜고짜 사람들을 때리기 시작했다. 사람들이 모두 친구를 말리며 말했다.

"도대체 왜 이러는 거야?"

친구가 소리쳤다.

"내가 언제 경망스럽게 화를 냈다는 거야?"

그러자 사람들이 이구동성으로 말했다.

"그럼 지금 자네가 화를 내고 있는 것은 뭔가?"

• 출전 : 『백유경』 13

친구의 흉을 보는 사람은 나쁜 친구이다. 그러나 친구로부터 단점을 지적받고도 이를 고치지 못하는 사람은 아예 친구로 삼을 만한 인물이 되지 못한다.

나를 욕하는 것에 화를 낼 것이 아니라 먼저 스스로의 허물을 돌아보라. 스스로의 허물을 깨달은 사람은 자신의 허물을 꼬집어준 사람이 진짜 친구임을 알게 될 것이다.

가장 소중한 재산

어떤 상인이 멀리 바다로 나가 보물을 캐기 시작했다. 마침내 그는 바다 속에 들어가 엄청난 양의 보물을 발견하고, 그것을 캐어 배에 실었다. 그런데 폭풍이 들이닥쳐 배가 부서져버렸다. 배에 실려 있던 보물 역시 몽땅 바다에 빠져 버리고 말았다. 그는 바다에 빠져 허우적거리다가 다른 배에 구조를 요청했다. 마침 함께 떠났던 배 한 척이 다가와 상인을 구해냈다. 배에 올라온 상인은 바다 속으로 가라앉고 있는 보물들을 바라보다가 손뼉을 치며 기뻐했다.

상인을 구한 사람들이 그 모습을 보고 물었다.

"당신은 애써 캐낸 보물을 모두 잃고 간신히 알몸으로 살아남았는데 무엇이 그리 기쁘단 말이오?"

그러자 상인이 말했다.

"모든 보물 가운데 목숨보다 더 귀한 것이 어디 있겠소? 살기 위해 보물을 구한 것이지, 보물을 얻기 위해 사는 것은 아니지 않소?"

• 출전 : 『대지도론』 권13·22

진정 가치 있는 보물은 나 자신이다. 먼저 자신 안에 있는 보물을 보라. 그러면 내 밖에 있는 보물들이 하찮은 돌멩이로 보일 것이다.

'나'를 '나'라고 말하는 '나'는 누구인가

 어떤 사람이 산길을 걷다가 날이 저물어 하룻밤 묵어 갈 곳을 찾고 있었다. 한참을 걷다 보니 마침 빈집 하나가 눈에 띄었다. 그는 허름하게 생긴 빈집으로 들어가 잠자리를 펴고 누웠다.
 이윽고 밤이 되자 문 밖에서 이상한 소리가 들렸다. 그는 얼른 기둥 뒤에 몸을 숨기고 귀를 쫑긋 세웠다. 잠시 후 두 귀신이 송장 하나를 메고 들어와 바닥에 내려놓았다. 사내는 잔뜩 겁에 질려 숨을 죽인 채 두 귀신을 지켜보았다.
 귀신들은 송장을 앞에 놓고 서로 다투기 시작했다.
 "이 송장은 내가 먼저 발견했으니 내 것일세."
 "아니지. 여기까지 내가 메고 왔으니 내 것일세."
 "내가 발견하지 못했더라면 아예 시체를 얻지도 못했을 것 아닌가?"
 두 귀신의 다툼은 끝날 것 같지 않았다. 결론은 내지 못한 귀신이 기둥 위를 가리키며 말했다.
 "그러면 저 뒤에 인간이 있으니 이게 누구의 것인지 물어보세."

기둥 뒤에 숨어 있던 사내는 꼼짝없이 앞으로 끌려나올 수밖에 없었다. 그가 앞에 나서자 귀신들이 물었다.

"이 시체는 누구의 것인가?"

사내는 난처한 표정을 지었다. 누구 편을 들더라도 어차피 죽기는 마찬가지였다. 그렇다고 입을 다물고 있을 수도 없는 노릇이었다. 고민 끝에 사내가 입을 열었다.

"그 시체는 먼저 메고 온 자의 것입니다."

그러자 한 귀신이 화를 내며 사내의 팔을 뽑아 내던졌다. 다른 귀신이 화를 내며 말했다.

"저 인간이 올바로 얘기했는데 팔을 뽑는 것은 너무 하지 않은가?"

그러면서 다른 귀신은 시체에서 팔을 하나 떼어내 사내에게 붙여주었다. 그러나 다른 귀신은 화가 풀리지 않았는지 사내의 나머지 팔과 두 다리, 그리고 머리까지 뽑아냈다. 그럴 때마다 다른 귀신은 얼른 송장에 붙어 있는 팔다리와 머리를 사내의 몸에 붙여놓았다. 이제 그의 온몸은 시체의 것과 바뀌어버렸다.

그런 다음 귀신들은 바뀐 시체를 모두 파먹고 입에 묻은 피를 닦으며 집에서 나가버렸다. 귀신들이 나가고 혼자 남겨진 사내는 신세를 한탄하며 중얼거렸다.

"내 몸은 귀신에게 다 먹히고, 진짜 내 몸은 시체의 것과 모두 바뀌었다. 그렇다면 나는 지금 몸이 있는 것인가, 없는 것인가? 내가 있다고 하자니 귀신이 모두 먹어 버렸고, 없다고 하자니 이렇게 존재하고 있지 않은가?"

● 출전 : 『대지도론』 권12·20/ 『경률이상』 권46

나는 누구인가. 몸이 없으면 나는 있는 것인가, 없는 것인가.
그렇다면 그런 생각을 하고 있는 나는 '나'인가 '나'가 아닌가.
몸은 수많은 물질의 결합일 뿐이다. 본래 내 몸에 '나'는 없었다. 우리는 남들이 수없이 빌려 입었던 몸을 '나'라고 착각하고 있을 뿐이다.

버려야 할 때 버려라

탐욕의 끝은 어디인가 | 금덩이가 무서운 것은 | 하찮은 꿀 한 방울 때문에 | 이렇게 살아 있지 않습니까 | 욕심이 지나치면 | 놓아버려라 | 초대받지 않은 손님 | 형제의 욕심 | 잠을 못 이룬 까닭 | 가진 것 없는 자의 여유 | 콩알 하나의 유혹 | 버려야 할 때 버려라 | 무엇을 지고 갈 것인가 | 정말 기다리는 것 | 탐욕을 버린 자에게 기회가 온다 | 돈 세는 사람 | 질투에 눈먼 스님 | 떡 하나 때문에 | 돈을 주고 사온 재난 | 미끼 | 아름다운 것은 무엇인가 | 다툼의 원인 | 큰 물고기의 최후 | 채찍으로도 다스릴 수 없는 탐욕 | 맛의 탐욕 | 귀고리 하나 때문에 | 만족할 줄 아는 사람이 가장 큰 부자이다

탐욕의 끝은 어디인가

 어느 나라에 사람들로부터 존경을 받는 수도승이 있었다. 그는 재치 있는 말과 논리로 사람을 설득시키는 재주가 있었다.

 어느 날, 그 나라의 왕이 수도승을 불러 대화를 나누었다. 왕은 수도승의 말에 깊이 감동한 나머지 이렇게 말했다.

 "훌륭한 스승이십니다. 무엇이든 한 가지 소원을 말하면 들어드리겠습니다."

 수도승은 온화한 미소를 머금으며 말했다.

 "저에게 조그만 땅을 주시면 절을 지어 그곳에서 살고 싶습니다."

 왕은 수도승의 요청을 기꺼이 승낙했다.

 "땅을 얼마나 드리면 될까요?"

 "절 하나 지을 땅이면 됩니다."

 왕은 잠시 생각하더니 대답했다.

 "절의 크기를 알 수 없으니 이렇게 하도록 하지요. 지금부터 선생께서 필요한 만큼의 땅까지 뛰어가십시오. 그러면 선생께서 뛰어간 거리까지 땅을 드리겠습니다."

그 말을 들은 수도승은 곧 궁궐을 나와 뛰기 시작했다. 그는 처음에 생각했던 작은 절보다 조금 더 큰 절을 짓고 싶어졌다. 한낮의 태양이 그를 지치게 했지만 큰 절을 지으려면 그 정도의 고통은 마땅히 감수해야 했다. 하지만 뛰면 뛸수록 수도승의 욕심은 점점 더 커지기 시작했다.

 그는 해가 질 때까지 뛰고 또 뛰었다. 잠시 쉬고 싶었지만 그는 한 치의 땅이라도 더 차지하기 위해 숨 가쁘게 뛰었다. 해가 뉘엿뉘엿 기울어가자 더 이상 뛸 수가 없었다. 그런데도 불구하고 그는 걸음을 멈출 수가 없었다. 더 평평하고 넓은 땅이 눈앞에 계속 펼쳐지고 있었기 때문이었다.

 마침내 그는 한 걸음도 떼어놓지 못하고 땅바닥에 쓰러지고 말았다. 하지만 그는 땅에 엎드린 채 몸을 굴리고 두 팔로 기어서 한 발자국이라도 더 앞으로 나아갔다. 그의 몸은 만신창이가 되었고, 그의 입에서는 거품이 흘러나왔다.

 잠시 후 그는 손가락 하나조차 움직일 수 없게 되었다. 그는 마지막 힘을 다해 손에 들고 있던 지팡이를 앞쪽으로 내던지며 외쳤다.

 "저 지팡이가 떨어진 데까지 나의 땅이다."

 그러면서 수도승은 숨을 거두고 말았다. 그 소식을 들

은 왕이 쓰게 입맛을 다시며 말했다.

"쯧쯧, 결국은 한 평 땅에 묻힐 거면서……."

• 출전 : 『대장엄론경』 권15 · 88

살아서도 죽어서도 사람에게는 한 평의 땅이면 충분하다. 욕심이 더 큰 욕심을 낳는다. 멈출 때를 알라. 욕심을 멈추었을 때, 바로 그 자리가 가장 안락한 자리이다.

금덩이가 무서운 것은

어떤 제자가 스승을 모시고 먼 길을 여행하고 있었다. 함께 길을 걷던 제자가 문득 풀숲에서 눈부신 광채가 흘러나오는 것을 보았다. 제자가 풀숲을 뒤져보니 커다란 금덩이가 놓여 있었다. 제자는 주위를 살피다가 금덩이를 주워 슬며시 품에 넣었다.

제자가 스승에게 말했다.

"스승님 빨리 가시죠. 이곳은 왠지 무서운 곳이라는 생각이 드는군요."

스승이 말했다.

"네가 금덩이를 숨기고 있기 때문에 무서운 것이다. 금덩이를 버리면 무서운 생각이 들지 않을 게다."

"하지만 이렇게 큰 금덩이를……."

제자가 머뭇거리며 말했다.

"그 금덩이를 버리지 않으면 길을 가는 내내 두려움에 떨어야될 텐데, 자신이 있느냐?"

제자는 얼굴이 빨개지며 얼른 금덩이를 버렸다. 그러자 제자의 발걸음이 한결 가벼워졌다. 마음이 편안해진 것을 느낀 제자는 스승에게 절을 올리며 말했다.

"제가 어리석었습니다. 스승님 말씀대로 금덩이를 버리고 나니 더 이상 무섭다는 생각이 들지 않습니다."

• 출전 : 『불설처처경』

아무것도 소유하지 않은 사람은 두려울 것이 없다. 그에게는 빼앗길 것이 없기 때문이다. 마음을 비운 사람은 두려울 것이 없다. 아무도 그를 침범하지 못하기 때문이다.

하찮은 꿀 한 방울 때문에

 옛날 어떤 사람이 마을의 유지들을 잔치에 초대하기로 하고 맛있는 음식을 장만하였다. 그는 유지들에게 보낼 초대장을 만들고, 일일이 꿀로 봉인을 찍어 보냈다.

 성미가 급한 바라문이 그 마을에 살고 있었는데, 마침 그에게도 초대장이 날아들었다. 그가 초대장을 살펴보니 봉인된 곳에 맛있는 꿀이 묻어 있었다. 그는 꿀을 보고 입맛을 다신 후 초대장에 묻은 꿀을 핥기 시작했다. 정신없이 핥다보니 어느새 봉인이 다 사라지고 말았다.

 마침내 잔치가 열리는 날 그는 초대장을 들고 잔칫집을 찾아갔다. 마을의 유지들만 모이는 잔치여서 대문 앞에는 건장한 문지기가 지키고 있었다. 그가 대문으로 들어서자 문지기가 앞을 막아서며 말했다.

 "초대장을 보여주시오."

 그는 품속에서 초대장을 꺼내 보여주었다. 문지기가 초대장을 살펴보더니 고개를 흔들며 말했다.

 "초대장에 봉인이 없으면 가짜요. 안으로 들어갈 수 없습니다."

 아차 싶었던 그는 문지기에게 사정하며 말했다.

"봉인이 있었는데 내가 그만 빨아먹고 말았소."

그러나 문지기는 냉정하게 말했다.

"사정이야 어쨌든 봉인이 없으면 들어갈 수 없습니다. 쯧쯧, 당신은 하찮은 꿀 한 방울을 탐하다가 결국에는 산해진미를 먹을 기회를 놓쳤구려."

● 출전 : 『현우경』 권5 「사미수계자살품」

인생은 길다. 살다보면 수많은 돌멩이가 발부리에 걸리고, 가끔은 목마름을 축여줄 샘물을 만날 수도 있다. 하지만 발부리에 차이는 돌멩이는 앞으로 나타날 높은 고개를 예고하는 것이요, 다디단 샘물은 넓은 바다가 시작됨을 예고하는 것이다. 그러므로 돌멩이가 있다고 해서 뒤로 물러날 것도 아니고, 샘물이 있다고 해서 그곳에 안주할 것도 아니다. 눈앞의 하찮은 이익에 만족하는 사람은 결코 넓은 바다에 이를 수 없다.

이렇게 살아 있지 않습니까

 어떤 왕이 스님 한 분을 초청한 다음 신하에게 명했다.
"저 스님에게 내가 평소에 먹는 것과 같은 음식을 대접하거라."
 신하가 음식을 차려오자 스님은 그것을 맛있게 먹고 난 뒤 왕에게 하직인사를 올리고 나오려 하였다. 그러자 왕이 스님에게 물었다.
"식사는 하시었소?"
"예, 먹었습니다."
 그 말만 남기고 스님이 떠나자 왕은 괘씸한 생각이 들었다.
 '수행자는 매일 거친 음식을 먹을 텐데, 나는 진수성찬을 스님에게 대접했다. 그런데도 저 스님은 고맙다는 말도 하지 않는구나.'
 이튿날 왕은 다시 그 스님을 초대하여 식사를 대접했다. 그런데도 그 스님은 고맙다는 말도 하지 않고 절로 돌아갔다. 괘씸한 생각이 든 왕은 다음날에도 스님을 초청하여 손수 진수성찬을 차려 대접했다.
 스님이 식사를 마치자 왕이 다시 물었다.

"음식이 맛이 있습니까?"

스님이 대답했다.

"주시는 대로 먹었지요."

왕은 속으로 화가 났다. 이튿날이 되자 왕은 다시 스님을 초청하여 형편없는 음식을 올렸다. 스님이 식사를 마치자 왕이 물었다.

"어떻소. 음식이 맛이 있던가요?"

"주시는 대로 먹었지요."

"참 이상하군요. 좋은 음식을 먹고도 주는 대로 먹었다고 하고, 형편없는 음식을 먹고도 주는 대로 먹었다고 하는군요."

그러자 스님은 빙그레 미소를 머금은 채 대답했다.

"왕께서는 어찌 기름지고 천박한 음식을 좋은 음식이라 하십니까? 저에게 음식은 목숨을 이으며 수행하기 위한 것에 지나지 않습니다. 좋은 것을 먹거나 나쁜 것을 먹거나 저는 이렇게 살아 있지 않습니까?"

• 출전 : 『출요경』 권15 「이양품」

배고픔을 면할 수 있으면 족하다. 좋은 음식이든 나쁜 음식이든 일단 뒤로 나오면 버려지게 마련이다.

욕심이 지나치면

나이 120세가 되어 몸이 쇠약해진 사람이 있었다. 그러나 그의 아내는 매우 아름다웠으며, 슬하에 어린아이들도 많았다. 그는 어린아이들과 고운 아내를 두고 차마 눈을 감을 수가 없었다. 그러나 사람의 목숨이란 끝이 있는 것이어서 마침내 그는 늙어 죽고 말았다.

그는 죽은 뒤에 기러기로 환생했는데, 이상하게도 기러기의 날개는 모두 금 깃털로 이루어져 있었다. 그는 남겨놓은 아내와 자식들을 위해 뭔가 좋은 일을 하고 싶었다. 그래서 날마다 자신의 집으로 날아가 금 깃털 하나씩을 마당에 떨어뜨려 놓았다.

기러기가 금 깃털 하나씩을 떨어뜨리고 가는 것을 본 자식들이 이상히 여기며 말했다.

"어찌하여 저 기러기는 매일 금 깃털 하나씩을 떨어뜨리고 가는 것일까? 내일 다시 날아오면 그 기러기를 잡아 날개를 한꺼번에 뽑아버려야겠어. 그리고 기러기를 새장에 가두어 기르면 언제든지 황금 깃털을 얻을 수 있을 거야."

이튿날 자식들은 엄마와 의논하여 마당에 커다란 그

물을 쳤다. 이윽고 기러기가 날아와 그물에 걸리자 그들은 황금 깃털을 모두 뽑아버리고 말았다. 하지만 깃털을 뽑힌 기러기는 더 이상 금빛 깃털이 나지 않고 흰 깃털만 나게 되었다.

- 출전 : 『본생경』 136/ 『사분율』 권25/ 『경률이상』 권48
- 이 이야기는 이솝우화에 나오는 「황금 알을 낳는 거위」와 유사하다. 황금 깃털을 한꺼번에 얻기 위해 털을 뽑아버린 것은 황금 알을 얻기 위해 거위의 배를 가르는 것과 같다. 우리나라에도 쌀이 나오는 바위 구멍이 있었는데, 더 많은 쌀을 얻기 위해 구멍을 넓히려다 아무것도 나오지 않게 되었다는 전설화가 있다.

행운은 아무 때나 찾아오는 것이 아니다. 그러므로 일단 행운이 찾아왔다면, 그것에 만족할 줄 알아야 한다. 아무리 재산이 많은 사람도 하루에 세 끼의 식사를 할 뿐이다. 그런데도 하루에 열 끼의 식사를 하려는 것은 어리석은 짓이다. 지금 배부르고 따뜻하다면, 여기에서 욕망을 멈추어라.

놓아버려라

 매 한 마리가 고기 한 조각을 움켜쥐고 하늘 높이 날아올랐다. 수많은 새들이 그것을 보고 다투어 날아올랐다. 허공으로 날아오른 새들은 발톱과 부리로 매를 쪼며 고깃덩어리를 빼앗으려 했다.
 "어이, 매양반! 우리도 배고픈데 조금 나누어 먹읍시다."
 새들이 부리로 쪼아대자 매는 괴로움을 견디지 못하고 고기 한 조각을 땅에 떨어뜨리고 말았다. 뒤쫓던 새들이 일제히 부리를 세운 채 땅 밑으로 향했다. 그중 한 마리의 새가 땅에 떨어진 고기 조각을 물고 다시 하늘로 날아올랐다.
 그러자 다른 새의 무리가 다시 그 새를 공격하기 시작했다. 고기 조각은 이 새의 부리에서 저 새의 부리로 옮겨갔다. 한 마리의 새가 고기 조각을 차지할 때마다 다른 새들이 달려들어 계속 공격했다.
 하늘에서 그 모습을 지켜보던 매가 한숨을 토해내며 외쳤다.
 "휴, 살았군! 고기 한 조각을 떨어뜨리고 나니 얼마나 편안한가! 이제 하늘은 온통 내 차지야!"

- 출전 : 『본생경』 330
- 이 이야기는 이솝우화에도 실려 있다.

가장 자유로운 자는 아무것도 갖지 않는 사람이다. 무엇인가 갖고 있을 때, 그는 시기와 질투와 경쟁의 대상이 된다. 일단 놓아버리고 나면 우리는 비로소 진정한 자유를 얻을 수 있다.

초대받지 않은 손님

어떤 나라에 오랫동안 홀로 수행하여 모든 경전에 통달한 스님이 있었다. 어느 날, 스님이 커다란 사원을 방문하였는데, 마침 그곳에서 성대한 잔치가 열리고 있었다.

그러나 사원의 문지기는 스님의 초라한 행색을 보고는 문을 가로막으며 말했다.

"오늘은 귀한 손님만 초대했습니다. 이런 모습으로는 안에 들어 갈 수 없습니다."

결국 스님은 사원에 들어갈 수 없었다. 문 앞에 선 채 한참 동안 생각에 잠겨 있던 스님은 곧 발걸음을 옮겨 친구의 집으로 향했다. 그러고는 친구에게 화려한 옷을 빌려 그럴 듯하게 꾸미고 다시 사원으로 향했다.

사원의 문 앞에 이르자 조금 전에 스님을 내쫓았던 문지기가 서 있었다. 그러나 스님을 본 문지기는 앞을 막아서기는커녕 오히려 허리를 굽실거리며 안으로 안내했다.

사원 안으로 들어서자 여러 사람들이 스님에게 맛있는 음식을 권했다. 순간 스님은 상 위에 놓은 음식을 집어 자신의 옷에 바르기 시작했다. 그 모습을 이상히 여긴 사람들이 물었다.

"귀한 음식을 왜 옷에 바르십니까?"

스님이 대답했다.

"내가 조금 전에 이곳에 왔을 때 문지기가 문을 열어주지 않았습니다. 그런데 다시 좋은 옷으로 차려입고 찾아오니 이런 융숭한 대접을 해주는군요. 그러니 이 좋은 음식은 저에게 주는 것이 아니라 내가 입은 옷에게 주는 것이지요."

스님은 여전히 옷에 음식을 묻히며 소리쳤다.

"옷아, 네가 먹어라. 이 음식은 사람을 보고 주는 것이 아니라 옷을 보고 주는 음식이란다."

• 출전 : 『대지도론』 권14·24/ 『경률이상』 권20

겉모습은 가꿀 수 있지만, 내면을 가꾸기는 쉽지 않다. 사람들은 밭에 거름을 주는 것은 잘 알지만, 마음의 밭에 거름을 주는 것은 잘 모르기 때문이다. 따라서 사람을 볼 줄 아는 사람은 그의 겉모습이 아니라 내면을 본다.

형제의 욕심

 어떤 형제가 길을 가다가 금 열 근씩을 주웠다. 형제는 기뻐하며 금덩이를 메고 집으로 향했다. 한참 가다가 형은 나쁜 생각을 품었다.
 '보는 사람도 없는데 여기서 동생을 없애버리고 금덩이를 빼앗으면 나는 엄청난 부자가 될 텐데.'
 아우 또한 같은 생각을 하고 있었다.
 '형의 금까지 차지하면 나는 엄청난 부자가 될 텐데.'
 그런 생각을 품게 되자 형과 아우는 갑자기 가슴이 뛰기 시작했다. 형이 흘끔 아우를 쳐다보았다. 아우도 흘끔 형을 바라보았다. 순간 두 사람의 눈빛이 마주치고 말았다. 두 사람은 얼른 시선을 돌리고 벌렁거리는 가슴을 가라앉혔다. 하지만 두 사람의 행동과 눈빛은 어색하기 짝이 없었다.
 형은 곧 아우의 마음을 눈치 챘다. 아우의 행동을 살펴보니 자신과 똑같았던 것이다. 두 사람은 곧 커다란 강물 앞에 이르렀다. 형은 잠시 생각에 잠겨 있다가 어깨에 메고 있던 금덩이를 강물 속으로 던져버렸다.
 그 모습을 바라보고 있던 아우가 형에게 말했다.

"잘하셨습니다."

아우 역시 금덩이를 물속에 던져버렸다. 그러자 두 형제의 눈빛과 행동은 예전처럼 편안해졌다.

• 출전 : 『대지도론』 권22·36

더 갖고 싶은 욕망이 사람 사이의 갈등을 일으킨다. 욕망과 갈등을 해소할 수 있는 방법은 아주 간단하다. 그것은 내가 가진 것을 먼저 버리는 것이다.

잠을 못 이룬 까닭

한 무리의 스님들이 길을 가다가 보니 날이 저물었다. 스님들은 근처에 절을 찾아보았으나 쉽게 찾을 수가 없었다. 스님들은 마을에 내려가 사람들에게 물었다.

"하룻밤 묵어갈 만한 곳이 없겠습니까?"

사람들이 마을 한가운데 있는 부잣집을 가리키며 대답했다.

"저 집이라면 스님들을 잘 대접해줄 것입니다."

스님들은 사람들이 가르쳐준 부잣집을 찾아가 말했다.

"이 집에 빈방이 많다고 들었습니다. 이곳에서 하룻밤 묵어갈 수 없겠는지요?"

부자는 흔쾌히 수락하고 스님들을 한 방으로 안내했다. 스님들이 방에 들어가 자리를 깔자 부자가 여러 개의 주머니를 가져왔다. 스님들이 물었다.

"그건 도대체 무엇입니까?"

"그동안 제가 모아놓은 금과 은입니다. 요즘에 특히 도둑들이 많으니 이 방에 보관하는 것이 안전할 것 같습니다."

주인은 금과 은이 들어 있는 주머니들을 모두 스님들이 머무는 방에 들여놓은 다음 밖으로 나갔다.

이튿날 아침 부자는 스님들의 방을 두드리며 문안인사를 올렸다.

"밤새 안녕히 주무셨습니까?"

그러자 한 스님이 대답했다.

"한잠도 잘 수 없었습니다."

주인이 깜짝 놀라며 다시 물었다.

"왜 못 주무셨습니까? 혹시 불편한 점이라도……."

"그대가 비싼 물건들을 방 안에 두고 가는 바람에 그것을 지키느라 불안해서 잠을 자지 못한 것입니다."

• 출전 : 『사분율』 권18

재물은 비록 사람을 풍족하게 해주지만, 갖고 있으면 불안해진다. 누군가 그것을 빼앗을까봐 근심하기 때문이다. 그러나 아무것도 가지지 않은 사람은 빼앗길 것을 근심하지 않는다.

가진 것 없는 자의 여유

 어떤 스님이 깊은 산 속에서 도를 닦다가 소금과 식초를 얻기 위해 마을로 내려갔다. 길을 가는 도중 스님은 마침 상인 일행을 만나 동행하게 되었다.
 날이 저물자 상인들은 숲에 천막을 치고 야영을 했다. 수행자 역시 어두운 길을 갈 수 없어 상인들의 천막 옆에서 하룻밤을 지내기로 했다.
 밤이 깊어 상인들이 모두 잠이 들자 스님은 나무 밑을 거닐며 염불을 하기 시작했다. 그때 산적들은 저녁을 먹고 나서 상인들의 천막 주위를 포위하고 있었다. 그들은 상인들이 잠들기를 기다렸다가 단숨에 공격하여 금품을 약탈할 계획이었다.
 산적들은 상인들이 모두 잠들기를 기다렸지만 오직 한 스님만이 잠자리에 들지 않고 나무 밑을 거닐고 있는 모습을 보았다. 산적들은 스님이 빨리 잠이 들기를 기다렸다. 그러나 스님은 잠자리에 들 생각도 하지 않고 날이 밝은 때까지 나무 주위를 거닐었다.
 기다리다 지친 산적들은 노략질을 포기하고 돌아가며 상인들을 향해 외쳤다.
 "이놈들아! 네 놈들의 목숨이 붙어 있는 것은 저 스님덕인 줄 알아라. 만일 저 스님이 없었다면 너희들은 모두 약탈을 당했을 것이다."

날이 샌 뒤 상인들은 도적들이 버리고 간 몽둥이와 돌을 보고 몸을 떨었다. 상인들이 스님에게 고마워하며 말했다.

"스님도 그 산적들을 보셨습니까?"

"보았지요."

"그런데 왜 두려워하지 않습니까?"

스님이 대답했다.

"재물을 가진 사람은 마땅히 산적을 두려워하겠지요. 하지만 보다시피 저는 가진 것이 아무것도 없습니다."

• 출전 : 『본생경』 76

빼앗길 것을 두려워하고, 장차 잃을 것을 두려워하는 사람은 오직 무엇인가를 가지고 있는 사람뿐이다.

콩알 하나의 유혹

어떤 농부가 밭에 심을 콩을 나무 밑에 놓아두고 밭이랑을 고르고 있었다. 그때 나무 위에 있던 원숭이가 농부 몰래 양손에 콩 한 줌씩을 집은 후 다시 나무 위로 숨었다.

원숭이는 농부가 눈치 채지 못한 것을 알고는 히죽히죽 웃음을 터뜨리며 훔친 콩알을 먹기 시작했다. 순간 원숭이의 손에 들려 있던 콩알 하나가 나무 밑으로 떨어졌다.

"이크, 아까운 콩알 하나가 떨어졌네!"

원숭이는 깜짝 놀라 양손에 쥐고 있던 콩알을 모두 버리고 나무 밑으로 내려와 잃어버린 콩알을 찾기 시작했다. 그 모습을 본 농부가 작대기를 들고 쫓아와 원숭이를 때리기 시작했다.

"이놈, 밭에 심을 콩을 다 먹어치우는구나!"

결국 원숭이는 농부에게 맞아 목숨을 잃고 말았다.

• 출전 : 『백유경』 88/ 『근본설일체유부비나야잡사』 권24/ 『본생경』 176

쥐고 있는 것을 놓아야 더 큰 것을 쥘 수 있다. 그러나 이미 두 손이 가득 채워져 있다면, 쥔 것을 놓을 이유가 없다. 떨어져나간 부스러기 하나에 욕심을 내면, 이미 쥐고 있는 것까지 모두 잃을 수 있다. 떠나간 것에 미련을 두지 말라. 이미 두 손이 가득 차 있지 않은가.

버려야 할 때 버려라

돼지를 기르는 농부가 있었다. 어느 날, 농부는 길을 가다가 바싹 마른 똥 무더기가 있는 것을 발견했다.

'누가 이 아까운 걸 버렸지?'

농부는 땀을 뻘뻘 흘리며 마른 똥을 긁어모아 등에 짊어지고, 끙끙거리며 집으로 향했다.

한참을 걷다 갑자기 소나기가 쏟아졌다. 그러자 등에 짊어진 마른 똥이 빗물에 녹아 흘러내리기 시작했다. 냄새가 나는 똥물은 그의 등을 적시고 마침내는 다리까지 적셨다. 똥 냄새가 코를 찔렀지만 농부는 아랑곳하지 않았고 끝내 똥 무더기를 버리지 않았다. 이윽고 집 앞에 도착했을 때 마른 똥은 모두 녹아 없어지고, 농부의 몸은 온통 똥물에 젖어 있었다.

• 출전 : 『중아함경』 권16 「비사경」 / 『대정구왕경』 下/ 『불설장아함경』 권7 「폐숙경」

아무리 귀한 것도 버려야 할 때가 있다. 버려야 할 때를 알지 못하면 가진 것이 오히려 화근이 된다.

무엇을 지고 갈 것인가

 가난한 마을에 두 사람의 친구가 살고 있었다. 두 사람은 어떻게든 돈을 벌기 위해 고향을 떠나 먼 나라로 여행을 떠났다. 두 사람이 어떤 마을 앞을 지날 때였다. 길을 걷다보니 길가에 주인 없는 삼베가 무성히 자라고 있었다.

 두 사람은 삼베를 가리키며 말했다.

 "이것을 모두 베어 돌아가면 돈을 벌 수 있겠구나."

 두 사람은 삼베를 베어 어깨 가득 짊어지고 다시 고향으로 향했다. 땀을 뻘뻘 흘리며 한참을 걷다보니 길바닥 위에 아름다운 조개껍질과 눈부신 비단이 떨어져 있었다.

 한 사람은 재빨리 짊어지고 있던 삼베를 버리고, 아름다운 조개껍질과 비단을 주워서 대신 짊어졌다. 하지만 한 사람은 삼베를 버리지 않고 조개껍질과 비단도 줍지 않았다. 삼베를 버린 사람이 친구에게 말했다.

 "이보게, 삼베를 버리고 이것을 주워가게."

 친구가 말했다.

 "지금까지 땀을 흘리며 지고 온 것이 아까워 삼베를 버릴 수 없네."

두 사람은 다시 길을 떠났다. 한참을 걸어가자 이번에는 길바닥에 은덩이가 수북하게 흩어져 있었다. 그러자 비단과 조개껍질을 지고 있던 사람은 재빨리 그것을 버리고 은덩이를 모아 대신 짊어졌다. 하지만 친구는 여전히 삼베를 버리지 않았다.

"버리려고 마음먹었으면 이미 비단을 보았을 때 버려야 했어. 지금까지 지고 온 것이 아까워 삼베를 버릴 수 없네."

그리하여 한 사람은 삼베를 지고 다른 한 사람은 은덩이를 짊어진 채 다시 걸음을 재촉했다. 그런데 한참을 가자 다시 길 위에 금덩이가 흩어져 있는 것이 보였다. 은덩이를 지고 가던 남자는 재빨리 은을 버리고 금덩이를 주우며 친구에게 말했다.

"이 사람아, 어서 금덩이를 줍게. 그까짓 삼베를 지고 가서 무엇을 한단 말인가? 금덩이를 주워가면 우린 곧 부자가 될 수 있을 거야."

그러자 삼베를 지고 있는 사람이 대답했다.

"아, 버리려고 마음먹었다면 은덩이를 보았을 때 버렸어야 했네. 지금까지 무거운 걸 지고 왔는데 어쩌겠나? 여기까지 지고 온 것이 너무 억울해서 버릴 수가 없네."

그러면서 그는 끝내 금덩이를 줍지 않았다. 이윽고 두 사람이 금덩이를 주웠다는 소문이 고향 마을에까지 전해졌다. 가족과 친지들이 마을 입구까지 몰려와 두 사람을 맞았다.

금을 지고 온 사람이 가족들을 바라보며 말했다.

"금을 얻어 부자가 되었으니, 일가친척들까지도 모두 구제할 수 있습니다."

이번에는 삼베를 지고 온 사람의 가족들이 물었다.

"너는 왜 금을 가져오지 않았느냐?"

삼베를 지고 온 사람이 대답했다.

"저도 금덩이를 주울 수 있었지만, 삼베가 아까워 차마 버리지 못했습니다. 그래서 금덩이를 지고 올 수 없었습니다."

그러자 가족들이 그를 원망하며 말했다.

"너 같은 놈 때문에 우리가 가난을 면하지 못하는 것이다."

● 출전 : 『중아함경』 권16 「비사경」 / 『대정구왕경』 下/ 『불설장아함경』 권7 「폐숙경」

작은 것을 탐하다가 큰 것을 잃는 법이다. 때로는 과감한 포기가 필요하다. 더 큰 것을 얻으려면 지금 들고 있는 것부터 손에서 내려놓아야 한다.

정말 기다리는 것

옛날 어떤 마을에 가난한 상인이 있었다. 그의 집안은 대대로 부자였지만 한순간에 재산을 모두 탕진해버린 채 가난하게 살고 있었다. 그가 가난해지자 그동안 뻔질나게 드나들던 친척들과 친구들은 하루아침에 발길을 끊고 말았다. 예전에는 부러운 눈으로 바라보던 이웃사람들도 거들떠보지 않았고 오히려 업신여기기까지 했다.

배신감을 느낀 상인은 고향을 등지고 살길을 찾아 타향으로 떠났다. 그는 수십 년 동안 타향에 있으면서 피눈물 나는 고생을 했다. 그는 열심히 일하여 마침내 막대한 재산을 벌었다. 부자가 되자 그는 다시 고향으로 돌아왔다.

고향을 떠났던 가난뱅이 상인이 돌아온다는 소식을 들은 친지들은 깜짝 놀랐다. 그들은 예전과는 다른 태도로 상인을 맞이했다. 음식과 향을 마련하고 성대한 환영 만찬을 베풀기로 했다. 준비가 끝나자 그들은 서둘러 마중을 나갔다.

이를 알아차린 상인은 일부러 누더기 옷으로 갈아입고, 행렬을 이끄는 사람들 틈에 끼어 몸을 숨겼다. 벌써 오랜 세월이 흘렀으므로 그 옛날 가난했던 상인의 모습을 기억하는 사람은 거의 없었다. 더구나 사람들은 그가 좋은 옷을 입고, 화려한 수레를 탄 채 고향으로 돌아오리라고 믿었다.

마을 입구에는 수많은 사람들이 모여들었다. 멀리서 아름다운 풍악소리가 들리고, 수십 대의 수레와 낙타 행렬이 나타났다. 친지들은 눈을 휘둥그레 뜬 채 상인이 나타나기를 기다렸다. 사람들 앞으로 기다란 행렬이 지나갔지만 사람들은 상인의 모습을 찾아낼 수 없었다. 행렬이 반쯤 지나갔을 때, 친척 한 사람이 허름한 옷으로 변장한 상인을 붙들고 물었다.

"여보시오, 오늘 금의환향하는 내 조카는 어디 있소?"

상인은 시치미를 떼고 친척에게 대답했다.

"맨 뒤에 오십니다."

상인은 모른 체하며 그냥 앞으로 지나갔다. 그러나 사람들이 아무리 기다려도 부자처럼 보이는 사람은 나타나지 않았다. 이윽고 행렬이 끝나자 친척들은 맨 뒤에 오는 사람에게 또 물어보았다.

"내 조카는 어디 있소?"

맨 뒤에 오던 사람이 어깨를 추어올리며 대답했다.

"우리 주인님 말입니까? 그분은 앞에 계시는데요."

친척들은 그제야 행렬 앞으로 달려가서 수소문한 끝

에 허름한 옷을 입고 있는 상인을 찾아냈다. 친척들이 은근히 화를 내며 상인에게 말했다.

"우리들이 모처럼 마중을 나왔는데 이렇게 숨는 까닭은 무엇인가?"

그러자 상인은 낙타 등에 가득 실린 재물을 가리키며 대답했다.

"당신들이 기다린 것은 내가 아닙니다. 당신들이 기다리고 있는 것은 바로 저 낙타 위에 있습니다."

• 출전 : 『대장엄론경』 권15 · 89/ 『출요경』 권8 「염품」

혹시 당신을 따르는 사람이 많다면, 당신이 가진 것이 무엇인지 둘러보아야 한다. 인품 있는 사람은 가만히 앉아 있어도 그 향기가 절로 퍼져, 사방에서 좋은 사람들이 모여든다. 하지만 당신이 가진 것이 인품이 아니라 재물이라면, 더 많은 사람들이 손가락으로 코를 막으며 떼로 몰려든다.

탐욕을 버린 자에게 기회가 온다

새 사냥을 좋아하는 왕이 있었다. 어느 날 한 무리의 비둘기가 궁궐로 날아들었다가 왕이 쳐놓은 그물에 모두 걸려들고 말았다. 왕은 그물에 걸린 비둘기를 새장에 넣어두었다가 그중에서 살이 찐 것부터 차례로 골라내어 요리하도록 요리사에게 맡겼다.

요리사는 매일 살찐 비둘기 한 마리씩을 골라내 털을 뽑고 양념을 발라 구운 다음 왕의 식탁에 올렸다. 그리하여 시간이 흐를수록 새장에 있는 비둘기의 수도 조금씩 줄어들었다.

비둘기들이 겁을 집어먹은 채 몸을 떨자 그중 한 마리가 동료들에게 말했다.

"지금부터 요리사가 주는 먹이를 먹지 말라. 살이 찐 비둘기가 먼저 죽는다. 그가 주는 먹이는 비록 맛이 있지만, 그것은 굶주린 자에게 독약을 주는 것과 같다. 굶주림을 채워 배가 부른 것은 순간의 만족에 불과하다. 결국엔 모두 비참한 죽음을 면치 못할 것이다."

그러자 곁에 있던 다른 비둘기가 말했다.

"우리는 새장 속에 갇힌 신세인데 어찌 죽음을 면할

수 있겠는가? 어차피 죽을 목숨인데 한순간만이라도 맛있는 먹이를 먹으며 살아야지."

다른 비둘기들은 모두 그의 말이 옳다고 여겼다. 그래서 무리들은 모두 좋은 먹이를 먹고 하루에 한 마리씩 끌려 나가 죽음을 당했다.

그러나 먹이를 거부하자고 주장한 비둘기의 생각을 달랐다.

'나도 살이 찌면 앞에 죽어간 친구들처럼 죽게 될 것이다. 그렇다고 아무것도 먹지 않으면 곧 굶어죽게 될 것이다. 그러니 알맞게 먹어 살이 찌지도 깡마르지도 않게 하리라. 그래야만 몸이 가벼워져 빨리 도망칠 수 있고, 요리사의 손에 죽는 일도 없을 것이다.'

그 후 비둘기는 요리사가 주는 먹이를 조금씩만 먹었다. 덕분에 그 비둘기는 살이 찌지 않아 요리사의 선택에서 늘 제외되었다. 또한 새장의 창살 틈으로 빠져나갈 수 있을 정도로 날씬한 몸이 되었다.

이윽고 그 비둘기는 요리사가 자리를 비운 사이 새장을 빠져나왔다. 그 모습을 본 다른 비둘기들이 다투어 새장을 빠져나가려고 했지만, 살이 쪄서 창살을 빠져나올 수가 없었다.

새장을 빠져나온 비둘기가 날개를 퍼덕이며 새장 속의 동료들에게 말했다.

"먹는 것을 탐하지 않아야 비로소 새장을 벗어날 수 있단다!"

그러고 나서 그 비둘기는 하늘 높이 날아올랐다.

- 출전 : 『수행도지경』 권3 「효료식품」 / 『육도집경』 권6 「정진도무극장」 / 『경률이상』 권48/ 『본생경』 118/ 『출요경』 권9 「제품」

자유는 거저 얻어지는 것이 아니다. 많은 사람들이 그물에 걸리지 않는 바람처럼 '걸림 없는' 삶을 원했지만, 모두가 자유를 얻은 것은 아니었다. 걸림 없는 삶을 얻기 위해서는 지금 가지고 있는 것을 하나씩 버려야 하고, 마침내는 자기 스스로를 버려야 한다.

돈 세는 사람

어느 곳에 한 사람의 부자가 있었다. 그는 아름다운 보석과 수많은 하인, 그리고 셀 수 없이 많은 말과 코끼리를 갖고 있었다. 하지만 아들이 하나밖에 없었다.

어느 날 부자는 병이 들었다. 좋은 의사를 부르고 값비싼 약으로 병을 치료했지만 별다른 효과도 없이 그의 병은 점점 깊어졌다. 그는 죽을 날이 시시각각으로 다가오는 것을 느꼈다. 부자는 외아들을 불러놓고 간곡하게 유언을 남겼다.

"이제 나의 재산은 모두 네 것이다. 부디 재산을 잘 간직하거라."

부자는 말을 마치자마자 곧 숨을 거두었다. 하지만 그가 죽은 후, 아들은 물 쓰듯이 돈을 쓰기 시작했고, 수많은 재산도 차츰 줄어들기 시작했다. 마침내는 하인들도 달아나버리고 어머니마저 화병으로 세상을 떠났다. 급기야 아들은 나무를 해다 파는 신세가 되었다.

그러던 어느 날, 그가 산에서 나무를 하고 있을 때 눈보라가 몰아치기 시작했다. 그는 눈보라를 피해 근처에 있는 동굴로 들어갔다. 그런데 이 동굴은 옛날 국왕이 재물을 숨겨둔 곳이었다. 아들은 우연히 동굴에 들어갔다가 엄청난 양의 보물을 발견하고는 너무나 기쁜 나머지 정신을 놓고 돈을 세어보기 시작했다. 그는 돈을 셈하면서 즐거운 상상에 젖었다.

"이 돈으로는 우선 집을 짓자. 이 돈으로는 장가 밑천을 삼아야지. 그리고 이 돈으로는……"

그가 정신없이 돈을 세고 있을 때, 마침 산적 떼가 사슴을 좇다가 동굴 앞을 지나게 되었다. 그들은 동굴 속에서 나무꾼 하나가 정신없이 돈을 세고 있는 모습을 보고 곧장 동굴 안으로 쳐들어왔다. 산적들은 곧 나무꾼을 죽이고 보물과 돈을 빼앗아 달아나버렸다.

• 출전 : 『대승본생심지관경』 권4 「염사품」

사람의 삶이란 결국 무엇인가를 끊임없이 세는 것이다. 나이를 세고, 자식을 세고, 재산을 세고, 마침내는 죽을 날짜를 센다. 그러나 운명은 우리의 셈이 다 끝날 때까지 기다려주지 않는다. 죽음의 사자는 내가 가진 것의 절반도 세지 못했을 때 느닷없이 찾아든다.

모든 셈을 끝내려고 하지 마라. 사람들은 무엇인가를 끊임없이 세면서 즐거움을 느끼지만, 셈은 영원히 끝나지 않을뿐더러 이미 그 이전에 세월이라는 마신(魔神)이 들이닥친다. 세월은 산적 떼와 같다. 당신이 셈의 즐거움을 다 누리기도 전에 모든 것을 앗아가버리는 것이다.

질투에 눈먼 스님

어떤 절에 높은 덕을 지닌 스님이 있었다. 그 스님은 날마다 새벽 일찍 일어나 빗자루를 들고 절 앞에 이르는 길을 깨끗이 쓸어놓았다. 절을 찾아오는 사람들은 늘 길이 깨끗한 것을 보고 감탄했다.

"누가 새벽마다 일어나 길을 청소하는 것일까?"

어느 날, 그 스님이 빗자루를 들고 길을 쓸고 있는데 아침 일찍 절을 찾았던 사람들이 그 모습을 보았다.

"역시, 그 스님이 길을 청소해놓았던 것이군."

그날 이후 스님에 대한 소문은 마을에까지 퍼졌다. 그때 같은 절에 질투심이 많은 스님이 있었다. 그는 청소하는 스님의 이름이 널리 알려지자 질투심이 생겼다.

그러던 어느 날, 질투심 많은 스님은 가장 먼저 일어나 산문 앞으로 향했다. 산문 앞에 도착한 스님은 깜짝 놀랐다. 이미 청소하는 스님이 길을 모두 쓸어놓은 뒤였기 때문이었다. 그는 잠시 생각하다가 사람들이 나타나기를 기다렸다. 이윽고 멀리서 인기척이 들리자 그는 혀를 내밀고 길바닥을 핥기 시작했다.

마침 절을 찾아오던 사람들이 그 모습을 보고 손가락

질을 하며 쑥덕거렸다.

"다 쓸어놓은 길을 왜 핥는 거지?"

• 출전 : 『잡비유경』(도략 集) 13

질투와 경쟁심은 과장된 행동을 낳는다. 남의 허물을 드러내기 위해 애쓰지 말라. 그것은 곧 스스로의 인격을 무너뜨리는 것이다. 남의 허물을 찾기 전에 먼저 자신의 허물을 보라.

떡 하나 때문에

 어떤 부부가 떡 세 개를 가지고 서로 나누어 먹고 있었다. 두 사람이 각자 떡 하나씩을 맛있게 먹고 나니 마지막으로 떡 하나가 남았다. 부부는 서로 눈치를 보다가 내기에서 이기는 사람이 그 떡을 마저 먹기로 했다.
 "누구든지 먼저 말을 하는 사람이 지는 거야. 끝까지 말을 참는 사람이 이 떡을 먹을 수 있어."
 부부는 그때부터 꾹 입을 다물었다. 한참이 지나도록 내기의 승부가 나지 않았다.
 그때, 도적 하나가 그 집에 들어왔다. 도적이 가만히 살펴보니 부부가 방안에 앉아 있는데, 도무지 꿈쩍을 하지 않는 것이었다. 도적이 소리를 내고 방마다 돌아다녀도 부부는 입을 다문 채 아는 척도 하지 않았다. 도적은 웬 횡재인가 싶어 집안을 돌아다니며 재물을 모두 훔쳤다.
 그런데도 부부는 눈을 뜨고도 멀거니 지켜만 보는 것이었다. 이윽고 도적은 남편이 가만히 있는 것을 알고 부인을 겁탈하려 했다. 그러나 남편은 그것을 보고도 꾹 입을 다물고 있었다. 참다못한 아내가 입을 열어 소리쳤다.
 "도적이야!"

그 소리에 놀란 도적은 훔친 재물만을 가지고 얼른 도망쳤다. 도적이 방에서 나가자 아내가 남편에게 소리쳤다.
"이 어리석은 사람아! 떡 한 개 때문에 도적을 보고도 소리치지 않다니!"
그러자 남편은 손뼉을 치고 웃으면서 말하였다.
"아, 이제 이 떡은 내 것이로다!"

• 출전 : 『백유경』 67/ 『경률이상』 권44

소인배일수록 작은 이익에 목숨을 건다. 일단 욕심에 눈이 어두워지면 다른 것은 눈에 보이지 않는다.

돈을 주고 사온 재난

 옛날에 아주 평화로운 나라가 있었다. 그 나라에는 다섯 가지 곡식이 풍성하고, 백성들은 평안하여 아무런 병에도 걸리지 않았다. 더구나 어진 임금이 다스리고 있어 백성들은 밤낮으로 풍류를 즐기며 지냈다.
 어느 날, 그 나라의 왕이 신하들에게 물었다.
 "내가 들으니 세상에는 화(禍)라는 것이 있다는데, 그게 도대체 어떤 것인가?"
 신하들이 대답했다.
 "저희들도 들어보긴 했지만 직접 보지는 못했습니다."
 왕은 그 말을 듣고 더욱 궁금해지기 시작했다. 왕은 곧 신하를 시켜 이웃나라에 가서 화를 구해오라고 명하였다.
 임금의 명을 받은 신하는 이웃나라로 가서 '화'가 있는지 살펴보았다. 그런데 저잣거리에 가니 어떤 상인이 이상한 물건을 팔고 있었다. 자세히 살펴보니 돼지처럼 생겨 있었다. 상인은 그것을 굵은 쇠사슬에 묶어놓고 사람들에게 외쳤다.
 "화를 사십시오! 화를 사십시오!"

신하는 그 말을 듣고 상인에게 다가가 물었다.

"이것이 정말 화라는 것인가?"

상인이 대답했다.

"그렇습니다. 이것이 바로 화입니다."

"그럼, 얼마에 팔겠는가?"

"천만 냥은 주셔야 합니다."

신하는 돈을 건네주며 상인에게 물었다.

"이것은 무엇을 먹고 사는가?"

"날마다 바늘 한 되씩 먹습니다."

신하는 천만 냥을 지불한 후 화를 데리고 본국으로 돌아왔다. 왕은 신하가 화를 데리고 온 것을 보고 매우 신기해했다. 그러나 화를 먹여 살릴 바늘을 구하는 것이 문제였다.

그날 이후 왕은 방방곡곡에 명을 내려 집집마다 바늘을 세금으로 바치도록 했다. 그러자 백성들은 날마다 바늘을 구하느라 다른 일을 할 수 없게 되었다.

결국 나라 안이 어지러워지자 신하들이 왕에게 아뢰었다.

"이 화는 백성들을 어지럽히고 직업을 잃게 합니다. 하루빨리 죽여버리는 것이 좋겠습니다."

그리하여 왕은 화를 성 밖으로 끌어내어 죽이도록 명령했다. 그러나 화의 몸에는 날카로운 창도 들어가지 않았다. 칼로 베었으나 베어지지 않았고, 몽둥이로 때려도 쓰러지지 않았다.

왕이 그 모습을 보고 신하들에게 소리쳤다.

"저놈을 불에 태워 죽여라!"

사람들은 재빨리 장작을 쌓고 불을 붙였다. 화는 온몸이 불처럼 달아올랐다. 뜨거워진 화는 불길을 참지 못하고 거리를 내달리기 시작했다. 화가 지나가는 곳마다 있던 모든 것들이 불에 타 없어졌다. 결국 도시와 성은 모두 사라지고 말았다. 그리하여 평화롭던 나라는 모든 것을 잃어버렸고, 백성들 또한 굶주리기 시작했다.

- 출전 : 『구잡비유경』 上 · 22
- 우리나라의 전래설화 「불가사리」는 바로 이 이야기에서 비롯되었다. 전래설화 속의 불가사리는 불가살이(不可殺伊: 죽지 않는 자), 또는 화가살이(火+可殺伊)의 의미를 갖고 있다.

현재의 삶이 아름다우면 그것으로 만족해야 한다. 공연히 긁어 부스럼을 만들 이유가 없다. 화(禍)는 언제나 만족하지 못하는 자에게 찾아온다.

미끼

 어떤 사냥꾼이 밀떡에 아교를 잔뜩 발라 나뭇가지에 걸어두었다. 그런 다음 몸을 숨긴 채 원숭이가 오기를 기다렸다.
 한 마리의 원숭이가 밀떡을 발견하여 냄새를 맡아보았다. 그 원숭이는 이내 밀떡이 미끼임을 알고 멀리 피해 달아났다.
 잠시 후 욕심 많은 원숭이가 나뭇가지에 걸린 밀떡을 보고는 손으로 덥석 잡아챘다. 하지만 아교가 발린 밀떡이 손바닥에 붙자 떨어지지가 않았다.
 원숭이는 밀떡을 떼어내기 위해 두 손으로 밀떡을 잡아뗐다. 그러나 나머지 손마저 아교에 달라붙었다. 두 손이 다 붙어버리자 원숭이는 발로 떼려다가 다시 발이 붙어버리고, 입으로 물어뜯다가 입도 달라붙어 버렸다.
 원숭이는 밀떡을 떼어내기 위해 발버둥 쳤지만 점점 더 몸이 아교에 붙을 뿐이었다. 결국 원숭이는 용을 쓰다가 힘이 빠져 땅바닥에 쓰러지고 말았다. 그때 숲에 몸을 숨기고 있던 사냥꾼이 휘파람을 불며 나타났다.
 "어리석은 원숭이야. 밀떡 하나 때문에 네가 목숨을

잃는구나."

사냥꾼은 땅바닥에 널브러진 원숭이를 막대기에 꿰어 집으로 가져갔다.

• 출전 : 『잡아함경』 권24 「원후경」

세상에는 수없이 많은 미끼가 널려 있다. 대개 미끼를 먹으려는 것은 굳이 힘을 들이지 않고도 손쉽게 구할 수 있기 때문이다. 하지만 손쉽게 얻어지는 것에는 반드시 함정이 숨어 있다.

아름다운 것은 무엇인가

 오랫동안 수행하여 깨달음을 얻은 비구니가 있었다. 어느 날, 비구니는 한낮의 땡볕을 받으며 길을 걷고 있었다. 한참을 걷자 온몸에 땀이 비 오듯 흘러내렸다.

 얼마를 더 걸으니 마침 비구니 앞에 시원한 샘물이 나타났다. 그녀는 땀을 씻기 위해 옷을 벗고 물속으로 뛰어들었다. 그때 마을의 건달들이 숲 속에서 이 모습을 훔쳐보고 있다가 슬그머니 몸을 드러냈다.

 건달들은 즉시 비구니의 옷을 감추어두고 그녀가 물에서 나오기를 기다렸다. 비구니가 젖은 몸으로 물에서 나오자 건달들이 앞을 가로막으며 말했다.

 "정말 보기 드문 미인이구나. 우리 모두 그대에게 반했으니 우리와 함께 놀아야겠다."

 그 말을 들은 비구니는 잠시 숨을 고르고는 갑자기 손을 들어 자신의 두 눈을 파냈다. 비구니는 두 개의 눈알을 손바닥에 올려놓으며 건달들에게 말했다.

 "그대들이 탐내는 것은 내 얼굴일 것이다. 하지만 이미 장님이 되었으니 나의 어디가 아름답다는 것인가?"

 건달들이 화들짝 놀라며 말했다.

"아름다운 것은 그대의 몸이다."

그러자 비구니는 칼로 자신의 팔과 다리를 잘라 바닥에 내려놓으며 말했다.

"이 몸뚱이들 중에 그대들이 아름답게 여기는 것은 무엇인가?"

• 출전 : 『생경』 권4 「불설비구니현변경」

무엇을 사랑하는가. 사랑하는 이의 눈, 그의 입술, 그의 팔다리, 혹은 그의 얼굴인가? 사랑하는 모든 것은 변해간다. 몸이 변하면 사랑하는 마음도 변한다. 세상에 태어난 것 중 영원한 것은 없다.

다툼의 원인

먼 옛날, 세상이 처음 만들어졌을 때 사람들은 들에 저절로 돋아난 쌀을 먹으며 오래도록 살았다. 그런데 어떤 게으른 사람이 혼자 생각했다.

"곡식을 거두기 위해 매일 들에 갈 필요가 있을까? 내일 먹을 것을 하루 전에 가져오면 되지 않을까?"

그는 들에 나가 하루 먹을 양을 미리 가지고 왔다. 그 모습을 본 친구는 이런 생각이 들었다.

"참으로 영리하구나. 그럼 나는 사흘치를 미리 가져오면 더 편하겠군."

그는 사흘치의 곡식을 가져다 쌓아두었다. 그 모습을 본 또 다른 친구가 생각했다.

"참 영리하군. 그럼 나는 닷새분의 곡식을 가져가 쌓아놓아야겠군."

그는 들에 나가 닷새치의 양식을 거두어왔다. 그날 이후 사람들은 다투어 양식을 쌓아두기 시작했다. 그러나 사람들이 서둘러 벼를 베는 바람에 다시는 싹이 나지 않았다.

그러자 들의 곡식은 점차 줄어들기 시작했다. 곡식이

줄어드니 사람들은 더욱 혈안이 되어 남은 곡식을 베고, 다시 자신의 집에 쌓아두었다. 이윽고 들에서는 한 포기의 곡식도 찾아볼 수 없게 되었다.

이에 사람들은 서로를 경계하며 말했다.

"이제부터는 땅을 갈라 따로따로 표지를 세운 다음, 그곳에서 나는 곡식만 가져가도록 합시다."

마침내 사람들은 땅을 갈라 따로따로 표지를 세웠다. 그리하여 사람들은 자신의 땅을 소유하게 되었다. 내 것과 남의 것이 갈라지자 평화롭던 마을에 도둑이 생겨나기 시작했고, 다툼이 생겨났으며, 이를 해결하기 위해 법이 생겨났다.

• 출전 : 『불설장아함경』 권6 「소연경」 / 『증일아함경』 권34 「칠일품」 1/ 『불설중허마하제경』 권1

다툼은 욕망으로부터 비롯되고, 욕망은 소유로부터 비롯된다.

큰 물고기의 최후

 넓은 바다에 엄청나게 큰 물고기가 살고 있었다. 큰 물고기는 바위에서 자라는 이끼를 먹고 살았다. 많은 물고기들이 큰 물고기의 모습을 구경하기 위해 사방에서 모여들었다. 그 중에 한 물고기가 말했다.

 "사람에게도 임금이 있고, 네 발 달린 짐승에게도 우두머리가 있는데, 우리 물고기들에게는 왕이 없다. 그러니 우리도 저 큰 물고기를 왕으로 섬기자."

 물고기들은 큰 물고기를 왕으로 섬기게 되었다.

 그러던 어느 날 큰 물고기는 바위의 이끼를 핥다가 그만 문안인사를 올리러 왔던 작은 물고기 한 마리를 삼키고 말았다. 그런데 처음 먹어보는 물고기 맛이 그동안 먹어왔던 이끼와는 전혀 달랐고, 맛도 좋았다.

 "이제까지 나는 왜 이런 맛을 몰랐을까?"

 그 뒤 큰 물고기는 다른 물고기들이 문안을 드리러 왔다가 돌아갈 때마다 몰래 한 마리씩 잡아먹었다. 그 일이 계속되자 물고기들은 무리의 숫자가 조금씩 사라진다는 것을 눈치 채게 되었다.

 이 소문은 금세 퍼졌고, 물고기들은 점점 문안을 오지

않았다. 더 이상 큰 물고기를 구경하기 위해 찾아오는 물고기도 없었다. 큰 물고기는 배가 고팠지만 이제 이끼 따위는 먹고 싶지 않았다.

큰 물고기는 입맛을 잃고 점점 허약해져 갔다. 이윽고 굶주림을 참다못한 큰 물고기는 작은 물고기들을 찾아 나섰다. 한참을 가자 커다란 바위산이 눈에 띄었다.

"분명 이곳에 숨어 있을 거야."

큰 물고기는 자신의 긴 몸으로 바위를 둘러 포위하고 물고기들이 나오기를 기다렸다. 하지만 물고기는 보이지 않고, 배는 점점 고파왔다.

그때 살랑살랑 움직이는 물고기가 눈에 보였다. 큰 물고기는 그 물고기에게 달려들어 뜯어먹기 시작했다. 하지만 그것은 자신의 꼬리였다. 꼬리를 파먹어 들어가자 다른 물고기들이 몰려왔다. 마침내 작은 물고기들은 함께 달려들어 큰 물고기의 꼬리를 물어뜯기 시작했다. 결국 그는 머리통까지 뜯기며 고통 속에서 죽어갔다.

• 출전 : 『본생경』 537

탐욕이란 깊고 따뜻한 늪과 같다. 일단 빠져버리고 나면, 벗어나려고 발버둥 칠수록 점점 깊은 늪 속으로 가라앉고 마는 것이다.

채찍으로도 다스릴 수 없는 탐욕

어떤 왕이 조련사가 모는 코끼리를 타고 성 밖을 나왔다. 그때 멀리서 암 코끼리가 나타나자 왕을 태우고 있던 코끼리가 큰 소리로 울부짖으며 미친 듯이 날뛰기 시작했다.

조련사는 갈고리와 쇠끈으로 제지하려 했지만 코끼리의 힘을 당해낼 수가 없었다. 코끼리가 빠르게 내달리자 왕이 겁에 질려 조련사에게 외쳤다.

"이러다가 떨어지겠구나! 어찌하면 좋겠느냐?"

"위에 있는 나무를 붙잡으십시오."

왕이 두 손을 들어 나뭇가지를 잡자 코끼리는 그냥 달아나버렸다. 며칠 후 조련사는 산 속을 샅샅이 뒤져 달아난 코끼리를 찾아 데려왔다. 코끼리가 돌아왔다는 소식을 들은 왕이 조련사를 불러 꾸짖었다.

"코끼리가 잘 길들여졌다더니 이게 무슨 꼴인가? 너는 저 미친 코끼리를 데려다가 나를 속였다."

조련사가 합장을 한 채 왕에게 말했다.

"이 코끼리는 잘 길들여졌습니다. 왕께서 믿지 못하시겠다면 제가 코끼리의 길들여진 모습을 보여드리겠습니다."

조련사는 곧 쇠뭉치를 불에 달구어 내려놓고 코끼리에게 쇠뭉치를 굴리도록 했다. 코끼리는 조련사 시키는 대로 뜨거운 쇠뭉치를 굴렸다. 그 모습을 본 왕이 말했다.

"저런 코끼리가 어째서 미쳐 날뛰었던 것이냐?"

조련사가 대답했다.

"저 코끼리는 비록 잘 조련되어 있지만 암 코끼리를 보자 날뛰었습니다. 이처럼 탐욕은 몽둥이나 채찍, 갈고리로도 다스릴 수 없는 것입니다."

• 출전: 『대장엄론경』 권953/ 『경률이상』 권26/ 『현우경』 권3 「대광명왕시발도심연품」

잘못은 채찍으로 바로잡을 수 있지만, 욕망은 채찍으로도 다스릴 수 없다. 오직 마음을 닦는 사람만이 자신의 욕망을 다스릴 수 있다.

맛의 탐욕

궁궐의 정원을 관리하는 정원사가 있었다. 그는 날마다 싱싱한 꽃과 열매를 따서 왕에게 바쳤다. 언제부턴가 정원 안에 영양 한 마리가 돌아다니기 시작했다. 그러나 정원사는 영양을 쫓지 않고 그냥 내버려두었다.

어느 날, 왕이 정원사를 불러 물었다.

"내 정원을 잘 돌보고 있겠지?"

"예. 하지만 요즘에 영양 한 마리가 정원에 자주 나타납니다."

"그럼 녀석이 정원을 망치겠구나. 그놈을 사로잡을 수 있겠는가?"

"꿀이 있으면 영양을 궁궐 안까지 데려올 수 있습니다."

왕은 정원사에게 꿀 한 동이를 주었다. 정원사는 그 꿀을 영양이 잘 다니는 길가의 풀에 조금씩 발라두었다. 그날 이후 영양은 꿀을 바른 풀만 뜯어먹을 뿐, 다른 곳에는 전혀 가려 하지 않았다.

다음날, 정원사는 꿀이 든 통을 어깨에 메고 풀 한 묶음을 허리에 찼다. 그러고는 꿀을 바른 풀을 한 개씩 떨어뜨리며 궁궐로 향했다. 영양은 꿀 바른 풀을 먹느라 정신이 팔려 어느 새 궁궐 안까지 따라 들어갔다.

영양이 궁궐 안으로 들어오자 커다란 대문이 소리를 내면서 닫혔다. 영양은 이리저리 뛰어다녔으나 이내 병사들에게 사로잡히고 말았다. 왕이 누각에서 내려와 영양을 바라보며 말했다.

"본래 영양은 사람이 있으면 이레 동안 다가가지 않고, 한 번 위험을 당한 곳에는 일생 동안 가지 않는다. 그런데 이놈은 맛에 대한 탐욕 때문에 사로잡히게 되었구나!"

• 출전 : 『본생경』 14/ 『경률이상』 권19

유혹은 달콤하다. 하지만 위험하지 않은 유혹은 없다. 날카로운 비수에 발린 꿀을 핥으면 결국 자신의 혀가 잘린다.

귀고리 하나 때문에

어떤 아버지가 어린 아들을 데리고 여행을 떠났다. 두 사람은 한참 길을 가다가 어두운 숲에 이르러 산적을 만났다. 산적은 숲에 숨어 두 사람에게 소리쳤다.

"가진 것을 전부 내놓아라!"

산적의 목소리가 들리자 아버지는 급히 가지고 있던 귀중품들을 풀 섶에 숨겼다. 그러나 아들의 귀에 걸린 순금 귀고리가 문제였다. 그를 본 아버지가 아들에게 속삭였다.

"빨리 귀고리를 숨겨라."

하지만 아들은 겁에 질려 귀고리를 빼지 못했다. 아버지가 달려들어 귀고리를 잡아당겼지만 잘 빠지지가 않았다. 급한 김에 아버지는 아들의 머리를 베어 풀 섶에 던져버렸다.

이윽고 산적들이 큰칼을 들고 모습을 드러냈다. 산적들은 아버지의 몸을 샅샅이 뒤졌으나 아무것도 찾아낼 수가 없었다. 산적들은 실망한 채 그곳을 떠났다.

"휴, 살았다!"

아버지는 귀중품을 던진 풀 섶으로 가서 아들의 머리

를 가져왔다. 그러고는 아들의 머리를 다시 목에 붙이려 했지만 끝내 붙일 수가 없었다.

• 출전 : 『백유경』 86

하찮은 것을 구하기 위해 잃지 말아야 할 것을 버리는 사람은 어리석다. 그런 사람은 손톱 끝에 가시가 박혔다고 팔을 베고, 문에 구멍이 났다고 집을 부숴버리는 사람과 다를 바 없다.

만족할 줄 아는 사람이 가장 큰 부자이다

 두 사람의 상인이 다른 나라로 장사하러 갔다가 수많은 재물을 모았다. 하지만 한 사람은 갑자기 중병에 걸려 병을 고치느라 가지고 있던 재물을 모조리 써버리고 말았다. 그런데도 그는 끝내 병을 고치지 못한 채 고국으로 돌아왔다. 한편 다른 한 사람은 수많은 재물을 모아 고국으로 돌아올 수 있었다.
 무사히 돌아온 사람은 욕심이 많아 늘 재물이 부족한 것을 불만스러워했다.
 "내가 더 많은 재물을 모을 수 있었는데 그만 친구가 병이 드는 바람에 함께 돌아오고 말았다. 그 친구만 아니었어도 지금쯤 엄청난 부자가 되어 있을 텐데."
 그는 함께 돌아온 친구가 중병이 들어 움직이지 못한다는 소리를 듣고 문병을 갔다. 친구가 죽어가는 모습을 보니 안타까웠지만, 한편으로 그 때문에 더 많은 재물을 모으지 못한 것이 아까웠다.
 "쯧쯧, 자네만 병에 걸리지 않았어도 더 큰돈을 벌 수 있었는데……."
 그 말을 들은 친구가 한숨을 내쉬며 말했다.

"자네는 병이 들지도 않고 무사히 집으로 돌아왔는데, 왜 자꾸 우는소리만 하는가? 보배 중의 보배는 목숨을 보전하는 것이 아닌가?"

• 출전 : 『출요경』 권23 「니원품」

병이 없는 것이 제일의 이익이요, 만족할 줄 아는 것이 제일의 부자이다.

우물에 빠진 달 건지기

우물에 빠진 달 건지기 | 그림자에 빠져 죽다 | 달을 가리키는데 손가락은 왜 보는가 | 맛 좋은 떡의 비밀 | 착각의 그림자 | 그림자로 진 빚을 그림자로 갚는다 | 거문고소리 가져오기 | 소라고동 | 돌멩이를 쫓는 개 | 항아리에 숨겨둔 애인 | 살아있는 나무 인형 | 헛된 믿음 | 황금 연못 | 메아리가 사는 곳

우물에 빠진 달 건지기

 깊은 숲 속에 원숭이 무리가 살고 있었다. 어느 날 원숭이들이 숲 속을 돌아다니며 놀다가 큰 나무 아래에 이르렀다. 나무 밑에는 깊은 우물이 하나 있었는데, 그 안을 살펴보니 달의 모습이 비치고 있었다. 원숭이 한 마리가 두목을 바라보며 소리쳤다.
 "여기 좀 보세요. 달이 우물에 빠져 있어요!"
 원숭이 두목은 어슬렁거리며 우물 옆으로 다가가 안을 들여다보았다. 가만히 살펴보니 정말로 달이 우물에 잠겨 있는 것이었다. 두목은 다른 원숭이들에게 말했다.
 "달이 죽어서 이 우물에 떨어졌구나. 만일 달이 없어진다면 어두운 밤에 우리들이 어떻게 움직이겠느냐? 어서 이 달을 건져 어둠을 밝혀야겠다."
 다른 원숭이들이 물었다.
 "깊은 우물 속에 빠진 달을 어떻게 건집니까?"
 "건지는 방법이 있다. 내가 먼저 저 나뭇가지를 잡을 터이니 너희들 중에 제일 큰 놈이 내 꼬리를 잡고, 그 다음 큰 놈이 다시 그놈의 꼬리를 잡아 우물 속으로 들어가면 된다."

두목의 말을 들은 원숭이들은 손뼉을 치며 좋아했다.
"정말 두목님의 꾀는 대단하십니다."

원숭이들은 두목이 큰 나뭇가지를 붙들자 차례대로 꼬리를 잡고 늘어졌다. 원숭이들이 하나둘 매달릴 때마다 두목이 잡고 있던 나뭇가지는 점점 밑으로 휘어지기 시작했다. 이윽고 마지막 원숭이가 손을 뻗어 우물 속에 있는 달그림자를 잡으려 할 때였다. 원숭이들의 무게를 이기지 못한 나뭇가지가 부러지면서 모두 우물 속으로 떨어졌다.

• 출전 : 『경률이상』 권21

당신이 잡으려고 하는 것은 그림자이다. 그림자는 잡히지도 않고, 손에 쥘 수도 없다. 그것은 허상일 뿐이다. 세계를 둘러싸고 있는 허상은 아름답고, 달콤하며, 또 매혹적이다. 모든 매혹적인 것에는 독이 묻어 있다. 자칫 손을 뻗었다가 우물에 빠져 영영 헤어나지 못할 수도 있다.

그림자에 빠져 죽다

어리석은 사내가 있었다. 어느 날, 그는 큰 연못 옆을 지나다가 우두커니 서서 연못 속을 들여다보았다. 연못을 지켜보던 그는 화들짝 놀라 눈을 치떴다. 연못 속에 자신의 모습이 잠겨 있었기 때문이었다. 그는 거꾸로 비친 자신의 그림자를 보고는 양손을 번쩍 쳐들며 소리치기 시작했다.

"살려주세요!"

그러자 연못 속의 그림자도 두 손을 번쩍 치켜들고는 살려달라고 소리쳤다. 그 모습을 본 사내는 겁에 질린 채 비명을 내지르며 달리기 시작했다. 다급한 비명소리를 들은 사람들이 서둘러 그의 주변으로 달려왔다.

"무슨 일입니까?"

사람들이 다투어 묻자 사내가 대답했다.

"여러분 내가 지금 연못 속에 빠져 죽어가고 있어요!"

그의 말을 들은 사람은 깜짝 놀라 되물었다.

"연못에 빠졌다고? 당신은 지금 여기에 멀쩡하게 서 있지 않소?"

사내는 사람들을 향해 외쳤다.

"나를 따라오시오! 내가 연못에 빠져 죽어가고 있는 것을 보여주겠소."

사람들은 사내의 뒤를 따라 연못으로 향했다. 연못가에 서서 물속을 들여다보던 그가 번쩍 두 손을 들었다. 그에 따라 물속의 그림자도 번쩍 손을 들었다. 마치 두 손을 휘저으며 살려달라고 소리치는 것 같았다. 그 모습을 확인한 사내가 다시 사람들에게 외쳤다.

"저것 좀 보시오. 당신들은 내가 연못에 빠져 죽어가고 있는 것을 보았지요?"

사람들이 쓴웃음을 지으며 사내에게 말했다.

"정말 바보로군! 저것은 당신의 그림자일 뿐이야! 잘 보라고. 당신뿐만 아니라 우리들의 그림자도 물속에 비치고 있잖아."

그 말을 들은 사내가 또 소리를 질렀다.

"아아, 결국 당신들도 물에 빠져 죽어가고 있소!"

• 출전 : 『대위덕다라니경』 권4

나의 존재를 규정하는 것은 내 얼굴도 아니고, 옷도 아니며, 신분도 아니고, 내가 소유하고 있는 어떤 것도 아니다. 물에 비친 그림자는 내가 아니고, 그것을 보고 있는 나도 내가 아니다. 내가 나라고 생각하고 있는 모든 것들은 나의 본질이 아니라 그림자일 뿐이다.

달을 가리키는데 손가락은 왜 보는가

어느 마을에 지혜로운 사람과 어리석은 사람이 있었다.

어느 날, 지혜로운 사람과 어리석은 사람이 함께 길을 가다가 커다란 호수에 이르렀다. 마침 하늘에는 밝은 보름달이 휘영청 떠 있었다. 지혜로운 사람이 하늘에 떠 있는 보름달을 손가락으로 가리키며 말했다.

"저 달 좀 보게. 정말 밝지 않은가?"

그러나 어리석은 사람은 달이 떠 있는 곳을 보지 않고 친구의 손가락만 바라보며 물었다.

"달이 어디에 있단 말인가?"

지혜로운 사람이 친구를 바라보며 말했다.

"손가락으로 달을 가리키면 달을 보아야지 왜 손가락만 바라보는가?"

• 출전 : 『대지도론』 권9·15

나침반의 바늘만 보아서는 가고자 하는 방향을 찾을 수 없다. 나침반의 바늘은 방향을 가리키는 것이지, 바늘 끝이 목적지는 아니기 때문이다.

어리석은 사람은 수단을 먼저 생각하고, 지혜로운 사람은 목적을 먼저 생각한다. 보아야 할 것은 수단이 아니라 본질이다. 깨달음도 마찬가지이다. 수많은 경전과 수행은 목적지로 가기 위한 하나의 수단일 뿐이다.

맛 좋은 떡의 비밀

 어떤 사람이 여행을 하다가 큰 도시로 들어갔다. 도시에 들어가 보니 그곳에 사는 사람들은 지저분하기 짝이 없었다. 그는 속으로 다짐했다.

 '앞으로 젖어 있거나 상한 음식은 절대 먹지 않겠다. 마른 음식만 먹으면 결코 병에 걸리는 일은 없을 것이다.'

 한참 동안 도시 구경을 하다 보니 배가 고파오기 시작했다. 마침 시장 한구석에서 노파가 떡을 팔고 있었다. 떡은 잘 구워져 있었고, 깨끗해 보였다.

 "저는 이 도시에서 100일 동안 머무를 예정입니다. 100일 동안 먹을 일이 걱정인데, 매일 저에게 떡을 보내 주시면 값은 후하게 쳐드리겠습니다."

 그리하여 노파는 매일 떡을 만들어 여행자에게 보냈다. 그는 날마다 그 떡을 배불리 먹으며 좋아했다. 하지만 처음에 노파가 만든 떡은 희고 깨끗했는데, 날이 갈수록 빛깔도 탁하고 맛도 없었다.

 어느 날, 그가 노파에게 물었다.

 "떡이 왜 이리 되었습니까?"

 노파가 대답했다.

"종기가 났었기 때문입니다."

그는 어리둥절한 표정으로 다시 물었다.

"종기가 난 것과 떡이 무슨 관계가 있습니까?"

그러자 노파는 수줍게 웃으며 말했다.

"제가 모시고 있는 부인의 사타구니에 종기가 났었습니다. 종기를 치료하는 데는 밀가루와 우유와 감초를 섞어 붙이는 게 제일이지요. 그러면 종기가 곪아 터져 이내 고름을 빼낼 수 있습니다."

"그게 떡과 무슨 상관이 있습니까?"

"왜 상관이 없어요. 저는 종기에 붙였던 밀가루를 버무려서 떡을 만들었습니다. 떡이 맛있는 것은 그 때문입니다. 그런데 이제 그 부인의 종기가 나았으니 어디에서 떡에 버무릴 고름을 얻겠습니까?"

그 얘기를 들은 여행자는 뱃속에 들어 있던 것을 전부 토하고 말았다.

• 출전: 『대지도론』 권23·37

보기 좋은 떡이 먹기에도 좋다는 말이 있긴 하지만, 반드시 그런 것은 아니다. 수려한 외모에 말 잘하는 사람이 똑똑해 보이지만, 반드시 그런 것은 아니다.

착각의 그림자

어느 마을에 외모가 무척 아름다운 여인이 있었다. 어느 날, 그녀는 시어머니로부터 심한 꾸중을 듣고는 몹시 분한 마음이 들어 산 속으로 향했다. 그녀는 나무에 목을 매어 자살을 하려 했지만 나뭇가지가 부러지는 바람에 뜻을 이룰 수가 없었다.

그녀는 새삼 집으로 돌아갈 수도 없어서 큰 나무 위로 올라가 신세를 한탄하며 잠시 앉아 있었다. 나무 밑에는 맑은 연못이 있었다. 나무 위에서 바라보니 자신의 아름다운 얼굴이 연못 위에 비치고 있었다.

그때 마침, 부잣집의 하녀가 물을 긷기 위해 물동이를 가지고 연못가로 다가왔다. 하녀가 물을 긷기 위해 손을 뻗으니 연못 위에 아름다운 여인의 모습이 비치고 있었다. 하녀는 물에 비친 그림자를 자신의 모습으로 잘못 알고 혼자 중얼거렸다.

"아, 내 얼굴이 이렇게 아름다운 줄 예전엔 미처 몰랐구나! 나 같은 미인이 남의 고용살이를 하면서 물이나 긷고 있다니."

하녀는 곧 물동이를 던져 깨뜨려버리고 의기양양하게

주인집으로 돌아왔다. 그러고는 아주 거만한 태도로 주인에게 말했다.

"이제 이 집에서 하녀 노릇을 하지 않겠습니다. 나 같은 미인은 더 좋은 곳에서 일할 수 있습니다."

그 말을 들은 주인은 황당해하며 하녀에게 말했다.

"네가 분명 도깨비한테 홀린 모양이구나. 어서 항아리에 물이나 채워라."

주인은 코웃음을 치면서 다시 새 물동이를 주어 물을 길어오도록 했다. 자존심이 상한 하녀는 다시 물동이를 들고 연못으로 향했다. 그런데 아무리 바라보아도 물위에 비친 자신의 얼굴이 너무나 아름다웠다. 하녀는 결심한 듯 다시 물동이를 내동댕이쳤다.

그때 나무 위에 앉아 있던 여인이 그 모습을 바라보고 있다가 너무 우스워 미소를 지었다. 물위에 비친 그림자가 웃고 있는 것을 본 하녀는 고개를 들어 나무 위를 쳐다보았다. 나무 위에 앉아 있던 아리따운 여인이 깔깔 웃음을 터뜨렸다. 그제야 하녀는 물속의 그림자가 자신의 모습이 아니라 그 여인의 얼굴임을 깨달았다. 하녀는 부끄러운 나머지 얼른 그 자리에서 도망치고 말았다.

• 출전 : 『대장엄론경』 권15 · 81/ 『경률이상』 권45

사람들은 다른 사람의 모습을 보고 '나'를 만들어낸다. 그가 가진 것들, 그의 외모, 그리고 그가 누리는 것들을 통해 나 자신의 미래를 그려내는 것이다. 그리하여 사람들은 선망하는 사람을 닮기 위해 화장품을 바르고, 비싼 옷으로 치장하며, 좋은 집을 장만하고 싶어 한다.

그러나 화장품 속에 숨은 얼굴과 좋은 옷으로 가려진 몸은 그대로일 뿐이다. 구차한 몸에 향기를 뿌리고 자신의 몸에서 향기가 난다고 생각하는 것은, 물에 비친 그림자를 보고 자신이 미인이라고 생각하는 것과 같다. 정작 가려야 할 것은 몸이 아니라 추한 마음이다.

그림자로 진 빚을 그림자로 갚는다

한 무리의 상인이 말을 팔기 위해 어떤 나라에 도착했다. 그러자 그 나라의 유녀(遊女)들이 돈 많은 상인들을 유혹하기 위해 거리로 나섰다. 아리따운 여인들이 유혹하자 대부분의 상인들은 그 유혹에 넘어가 많은 재물을 날렸다. 하지만 오직 한 상인만은 여인들의 유혹에 넘어가지 않았다.

어느 날, 한 여인이 그 상인을 유혹하기로 결심하고, 그를 찾아가 말했다.

"당신은 특별한 사람이군요. 하지만 나를 사랑하지 않고는 못 배길 거예요."

상인이 코웃음을 치며 말했다.

"내 마음은 흔들리지 않는다. 어디 유혹할 테면 유혹해보거라."

"만약 내가 당신을 유혹하는 데 성공하면 무엇을 주시겠어요?"

"내가 가진 말 중에서 가장 좋은 말 다섯 마리를 주겠다."

상인의 약속을 받아낸 여인은 날마다 상인을 찾아가

술을 대접하고 아리따운 몸매를 자랑했다. 그러나 아무리 상냥한 말투와 간드러진 노래로 상인을 유혹하려 해도 그는 넘어오지 않았다. 온갖 노력에도 불구하고 상인을 유혹하는 데 실패한 여인은 결국 모든 것을 포기했다.

그러나 상인 역시 미인의 유혹을 뿌리치기는 쉽지 않았다. 그는 다른 상인들에게 이렇게 말했다.

"정말 힘든 일이었어. 꿈속에서 그녀를 안았을 정도였으니까."

그 소문을 들은 여인은 곧장 상인을 찾아가 말했다.

"당신은 꿈속에서 나를 안았지요? 그것은 나의 유혹에 넘어갔다는 증거예요. 그러니 약속한 다섯 마리의 말을 주세요."

상인은 그 말을 듣고 어이없다는 표정을 지었다. 여인이 계속 말 다섯 마리를 요구하자 그는 단호하게 거절했다. 그러자 여인은 재판관에게 상인을 고발하기에 이르렀다.

"꿈속에서 저를 안았으니 유혹에 넘어간 것입니다. 그러니 상인이 약속한 다섯 마리의 말을 반드시 받아야겠습니다."

여인의 고발을 접수한 재판관은 고민에 빠질 수밖에 없었다. 재판관은 하루 종일 고민하다가 판결을 내리지 못하고 집으로 돌아갔다. 남편의 얼굴이 근심으로 가득 한 것을 본 아내가 물었다.

"무슨 일 때문에 그러세요?"

재판관은 낮에 있었던 사건에 대해 상세히 얘기해주었다. 그 얘기를 들은 아내가 한 가지 꾀를 알려주었다.

이튿날이 되자 재판관은 상인과 여인을 재판정으로 불렀다. 그런 다음 먼저 상인에게 말했다.

"그대는 어서 말 다섯 마리를 가져오라!"

상인은 청천벽력 같은 소리에 얼굴이 새파랗게 질렸다. 하지만 재판관의 명령이니 거역할 수가 없었다. 상인이 하는 수 없이 말 다섯 마리를 가져 오자 재판관이 말했다.

"자, 두 사람은 말을 끌고 나를 따라오라."

재판관은 말 다섯 마리를 끌고 연못으로 향했다. 연못에 도착하자 재판관이 상인에게 말했다.

"꿈속에서 여자를 안았다면 그대는 이미 유혹을 당한 것이다."

상인이 곤혹스런 표정을 짓자, 이번에는 여인에게 말했다.

"너는 저 연못에 비친 다섯 마리 말을 가져가거라."

여인이 눈을 치켜뜨며 물었다.

"물속의 그림자를 어떻게 가져갑니까?"

그러자 재판관은 기다렸다는 듯 여인에게 말했다.

"상인 역시 꿈속의 그림자에게 유혹당하지 않았느냐?"

• 출전 : 『근본설일체유부비나야잡사』 권28

꿈은 욕망의 투사(投射)다. 일체의 욕망을 버리고 깨달음을 얻은 이는 꿈을 꾸지 않는다고 한다. 하지만 보통사람들은 꿈마저 꾸지 않는 경지에 도달하기가 어렵다.

꿈은 꾸되, 그것이 그림자임을 알라. 그림자는 손아귀에 잡아도 소용없는 것이다. 그러므로 기꺼이 버릴 수 있다. 중요한 것은 그림자를 잃는 것이 아니라 그림자를 만든 '나'까지 잃는 것이다.

거문고소리 가져오기

 어떤 나라의 왕이 궁궐에 있다가 멀리서 들려오는 거문고 소리에 반해버렸다. 왕은 아름다운 거문고 소리에 취하여 대신들에게 물었다.
 "저 소리는 어디에서 나는 소리인가?"
 대신들이 입을 모아 대답했다.
 "저것은 거문고 소리입니다."
 왕은 고개를 끄덕인 후 대신들에게 명했다.
 "저 소리를 가져오너라!"
 대신 한 사람이 왕의 명령을 받고 급히 거문고를 구해서 가져왔다.
 "이것이 거문고라는 악기입니다. 여기에서 그 아름다운 소리가 나오는 것입니다."
 그러자 왕은 대신의 말을 가로막으며 소리쳤다.
 "내가 가져오라고 한 것은 아름다운 소리이지 이 따위 나무토막이 아니다!"
 당황한 대신이 거문고를 가리키며 왕에게 설명했다.
 "폐하, 거문고는 여러 부분으로 나뉘어져 있습니다. 이것이 손잡이이고, 이것은 몸통입니다. 그리고 이것은 거문고의 줄을 매는 곳입니다. 폐하께서 들으신 아름다운 소리는 거문고의 모든 부분이 조화를 이루어 나는 것입니다. 거문고를 탈 때 모든 부분이 서로 조화를 이루지 못하면 소리가 나지 않습니다. 폐하께서 들으셨던 소리는 이미 사라져버리고 없습니다. 그것을 가지고 올 수는 없는 것입니다."

왕은 대신의 설명을 들은 다음 이렇게 말했다.

"참으로 허황한 물건이로다! 이 따위 거문고 때문에 세상 사람들이 넋을 잃다니! 당장 그 거문고를 산산조각 내버려라!"

대신은 왕의 명령대로 그 거문고를 깨뜨려버렸다.

• 출전 : 『잡아함경』 권43 「금경」

이 세상에 홀로 존재하는 것은 없다. 모든 것은 이어져 있고, 둘러 싸여 있으며, 더불어 존재한다. 따라서 그중 하나가 풀려버리면 전체가 무너지고 만다.

하나의 결과는 여러 요소들의 묶음이다. 만일 결과만을 바라는 사람이 있다면, 그것은 씨를 뿌리지 않고 열매를 수확하려는 것과 다를 바 없다.

소라고둥

 옛날 깊은 산 속에 한 마을이 있었다. 그 마을은 바다에서 멀리 떨어져 있었기 때문에 소라고둥을 알지 못했고, 또한 고둥소리를 들어 본 적도 없었다.

 어느 날 소라고둥을 부는 나그네 한 사람이 그 마을에 머물게 되었다. 그는 마을에 머무는 동안 날마다 마을 뒷산에 올라가 소라고둥을 불고 돌아왔다. 처음 듣는 소리가 울려 퍼지자 마을 사람들은 모두 이상히 여겨 말했다.

 "이게 무슨 소리지? 나는 한 번도 들어본 적이 없는 소리인데."

 사람들은 너무나 신기하여 나그네가 있는 곳으로 몰려갔다. 사람들은 나그네를 보자 물었다.

 "방금 들린 소리는 무슨 소리입니까?"

 나그네는 쥐고 있던 소라고둥을 내놓으며 대답했다.

 "그것은 이 소라고둥이 내는 소리입니다."

 소라고둥을 처음 본 마을 사람들은 주위에 모여들어 소리쳤다.

 "고둥아, 다시 한 번 소리를 내라, 소리를 내라!"

그러나 소라고둥이 저절로 소리를 낼 리 없었다. 마을 사람들을 지켜보고 있던 나그네는 소라고둥을 입에 대고 힘껏 불었다. 그러자 아름다운 소리가 흘러나왔다.

• 출전 : 『중아함경』 권16 「비사경」 / 『대정구왕경』 上/ 『불설장아함경』 권7 「폐숙경」

원인이 없으면 결과도 없다. 따라서 이 세상에 홀로 존재하는 것은 없다. 어떤 것이 존재할 수 있는 것은 그것을 생겨나게 한 원인이 있기 때문이다.

돌멩이를 쫓는 개

한 마리의 사자와 개가 함께 길을 가고 있었다. 그때 사냥꾼이 숲에 몸을 숨기고 있다가 사자를 향해 활을 쏘았다. 사자는 재빨리 몸을 숨기고 사냥꾼이 있는 곳을 살펴보았다. 이윽고 두 번째 화살이 날아왔다. 사자는 화살이 날아온 쪽을 지켜보고 있다가 사냥꾼이 숨어 있는 곳으로 몸을 날려 잽싸게 그를 물어 죽였다. 그러자 더 이상 화살이 날아오지 않았다.

사냥꾼이 죽자 사자와 개는 다시 길을 떠났다. 한참을 걸어 마을 근처에 이르렀는데, 갑자기 돌멩이가 날아와 어리석은 개의 이마를 맞혔다. 가만히 살펴보니 바위 뒤에 숨은 아이들이 개를 향해 돌멩이를 던지고 있었다. 어리석은 개는 그 모습을 보고 컹컹 짖으며 달려 나갔다

"이놈의 돌멩이, 가만 두지 않겠다!"

어리석은 개는 단숨에 돌멩이를 향해 몸을 날렸다. 아이들이 팔매질을 할 때마다 개는 돌멩이를 공격하기 위해 사방으로 날뛰었다. 그 모습을 보고 있던 사자가 껄껄 웃음을 터뜨리며 개에게 말했다.

"이보게, 돌멩이에 맞지 않으려면 돌멩이를 던진 사람

을 쫓아내야지, 무엇 때문에 돌멩이를 쫓아다니는가?"

• 출전 : 『대장엄론경』 권2·8

인생은 수없이 헛방을 짚는 과정의 연속이다. 대개는 많은 시행착오를 거쳐 제 갈 길을 찾아 되돌아오지만, 어리석은 사람은 길을 찾지 못하거나 영영 되돌아오지 못하고 미로를 헤맨다. 찾아야 할 것은 '화살이 날아온 곳'이지 화살이 아니다.

항아리에 숨겨둔 애인

어떤 마을에 젊은 부부가 살고 있었다. 부부는 결혼한 지 얼마 되지 않아 금실이 무척 좋았다. 어느 날, 일을 하고 돌아온 남편이 아내에게 말했다.

"부엌에 가서 술 좀 한잔 가져다주시오."

아내는 얼른 부엌으로 가서 술항아리를 열었다. 순간 그녀는 깜짝 놀라고 말았다. 술항아리 안에 아름다운 여인이 들어 있었던 것이다. 아내는 그것이 술에 비친 자신의 그림자인 줄도 모르고 금방 질투심이 일었다. 그녀는 곧장 남편에게 달려가 따졌다.

"당신은 술항아리 속에 여자를 숨겨두고 뻔뻔스럽게도 나와 또 결혼했단 말예요?"

그 말을 들은 남편은 영문도 모른 채 대꾸했다.

"그럴 리가 있소?"

"변명하지 말아요. 술항아리를 열었더니 웬 여자 하나가 숨어 있었단 말예요."

남편은 이상히 여기며 부엌으로 가서 술항아리를 열었다. 항아리 안을 들여다보니 어떤 사내가 멀뚱히 자신을 바라보고 있었다. 남편은 화가 머리끝까지 올라 아내한테 달려가 따지기 시작했다.

"이런 여우 같으니! 항아리 속에 남자를 숨겨놓고 오히려 나를 욕하다니."

부부는 서로 머리칼을 붙들고 싸우기 시작했다. 마침 집 앞을 지나던 스님이 싸우는 소리를 듣고 집안으로 들어와 그 이유를 물었다. 부부는 옥신각신하며 서로의 잘못을 탓하기 시작했다.

"남편이 여자를 몰래 숨겨두고 나와 결혼했어요."

"무슨 소리! 이 여자가 외간남자를 부엌에 숨겨두고 엉뚱한 핑계를 대고 있는 거요."

부부의 얘기를 들은 스님이 사실 여부를 확인하기 위해 부엌으로 향했다. 스님이 술항아리를 열자 어떤 까까중이 자신을 바라보고 있었다. 순간 스님은 괘씸한 생각이 들었다.

"이 사람들이 모시는 스님이 따로 있었군. 나한테 시주를 하지 않기 위해 핑계를 대고 있는 게 틀림없어."

스님은 버럭 화를 내며 집을 나갔다. 잠시 후 한 비구니가 집 앞을 지나다가 부부가 싸우는 소리를 듣고 안으로 들어왔다. 이번에도 부부는 상대방의 잘못을 탓하며 하소연했다. 비구니는 부부를 화해시키기 위해 부엌으로 가서 술항아리를 들여다보았다. 그런데 이번에는 비구니 한 사람이 자신의 얼굴을 빤히 올려다보는 것이었다. 그 비구니 역시 버럭 화를 내며 되돌아갔다.

잠시 후 한 사람의 수행자가 찾아와 이유를 물었다. 이번에도 부부는 수행자를 붙들고 자신의 억울함을 하소연했다. 수행자는 곧장 부엌으로 달려가 술항아리의 뚜껑을 열어보았다. 그러고는 부부를 항아리 앞으로 데려와 말했다.

"이 항아리 속에 있는 사람을 꺼내겠습니다."

수행자는 큰 돌로 술항아리를 깨뜨려버렸다.

- 출전 : 『잡비유경』 (후한록본)下·29
- 우리나라의 전래 설화에 거울에 얽힌 비슷한 이야기가 있는데 이로부터 비롯되었다.

색안경을 쓴 사람은 모든 사물이 한 가지 색으로 보인다. 그럼에도 불구하고 그는 자신이 본 것이 진실이라고 믿는다. 아집과 편견은 오해를 낳게 마련이다.

편견을 버려라. 한 번쯤 다른 사람의 눈을 빌려 바라보면, 지금까지 보지 못했던 새로운 면이 보인다.

살아 있는 나무 인형

 어떤 나라에 갖가지 기술과 재주를 좋아하는 왕이 있었다. 어떤 목공이 나무로 인형을 만들어 왕을 찾아갔다.
 그가 만든 나무 인형은 진짜 사람과 조금도 다를 것이 없었다. 옷이나 얼굴, 그리고 움직임이 사람과 똑같았다. 뿐만 아니라 연주에 맞추어 노래를 불렀고, 박자에 맞추어 춤도 추었다.
 그가 왕에게 아뢰었다.
 "이 아이는 제 아들입니다. 비록 나이는 어리지만 여러 재주를 가지고 있습니다."
 왕이 말했다.
 "그럼 재주를 보여다오."
 목공은 인형에게 재주를 보이도록 했다. 왕이 왕비를 데리고 누각에 올라 살펴보니 인형은 무릎을 꿇어 절을 올리고, 춤을 추었다. 왕은 인형인 줄도 모르고 아들의 재주에 흡족해 했다.
 그때 문득 인형이 한쪽 눈을 찡긋거리며 왕의 곁에 앉아 있는 왕비를 바라보았다. 왕은 크게 노하여 즉시 사람을 불러 명했다.

"저놈이 왕비를 유혹하려 하는구나. 당장 목공 아들의 목을 베어오너라."

목공은 크게 놀라는 척하며 왕에게 아뢰었다.

"저 아이는 하나밖에 없는 아들입니다. 아직 어리석어 그런 실수를 저질렀으니 용서해주십시오."

하지만 왕의 노여움은 풀리지 않았다.

"당장 목을 베어라!"

목공이 왕 앞에 머리를 조아리며 말했다.

"그렇다면 제 손으로 죽이게 해주십시오."

왕이 이를 허락하자 목공은 즉시 인형에 박혀 있던 쐐기 하나를 뽑아냈다. 그러자 몸이 허물어져 내리며 나무 토막이 사방으로 흩어졌다. 그 모습을 지켜보고 있던 왕이 목공의 재주를 찬탄하며 외쳤다.

"내가 어찌하여 나무인형에게 화를 냈던가!"

- 출전 : 『생경』 권3 「불설국왕오인경」
- 이 이야기는 『열자』 「탕문」 편에도 나온다.

때로 사람들은 환영(幻影)을 좇으며, 그 때문에 괴로워한다. 희로애락이 생기는 것은 바깥의 사물에 내 마음이 응하기 때문이다. 그러므로 노여움을 삭이고 마음의 평정을 이루려면 바깥 사물로부터 마음을 거둬들여야 한다.

헛된 믿음

한 스님이 바라문의 집을 찾아갔다. 바라문은 우황(牛黃) 가루를 이마에 바르고, 조개 나팔을 머리 위에 얹고, '비륵'이라는 과일을 손에 든 채 스님을 맞았다.

"그대는 무엇 때문에 그런 모습을 하고 있는가?"

바라문이 대답했다.

"이렇게 하면 죽을 사람도 죽지 않고, 매를 맞거나 형틀에 묶일 사람도 고통에서 벗어날 수 있습니다."

스님이 빙그레 웃으며 말했다.

"정말 그렇다면 얼마나 좋은 일인가?"

"우황은 소의 내장에서 나오는 것인데 아주 귀한 것이지요."

"그렇게 좋은 우황을 가진 소라면 왜 사람들에게 채찍을 맞으며 부림을 당하는가?"

바라문은 아무런 대답도 하지 못했다. 다시 스님이 조개 나팔을 가리키며 물었다.

"저건 무슨 물건인가?"

"이것은 조개라는 것인데, 바다에서 나왔습니다."

"바다 속에서 나온 것이라면, 결국 햇볕에 쪼여 고통

을 받다가 죽은 물건이 아닌가?"

이번에도 바라문은 아무 말도 하지 못했다. 스님이 다시 과일을 가리키며 말했다.

"저것은 어떤 과일인가?"

"비륵이라는 과일인데 이것을 먹으면 기분이 좋아지고 맛도 좋습니다."

그러자 스님이 말했다.

"그것 역시 돌멩이에 맞아 나무에서 떨어진 것이 아닌가? 그깟 물건들이 어떻게 사람을 구제한다는 말인가?"

• 출전 : 『대장엄론경』 권10 · 60

몸에 부적을 붙인다고 해서 악한 업을 소멸시킬 수는 없다. 부적 역시 종이 위에 휘갈겨진 붉은 그림일 뿐이다. 악한 업을 소멸시키려면, 그 마음을 선하게 하는 방법밖에 없다.

황금 연못

 땔나무를 하며 살아가는 아버지와 아들이 있었다. 어느 날 부자는 산 속에 들어가 나무를 베었다. 도중에 아들이 물을 마시려고 샘물에 갔다가 그 안에 들어 있는 황금을 보았다. 그는 집에 돌아와 아버지에게 말했다.
 "저도 이젠 나이가 들었으니 아버지의 재산에서 제 몫을 나누어 주십시오."
 "알다시피 우리는 너무나 가난하다. 그래, 네가 원하는 것이 무엇이냐?"
 "저는 다른 물건은 필요 없습니다. 저는 오직 수레 한 대와 쌀 두 섬, 그리고 호미 하나만 있으면 됩니다."
 아직 아들이 어리다고 생각했기 때문에 아버지는 그것들을 주고 싶지 않았다. 하지만 아들은 하루가 멀다 하고 재산을 나누어달라고 청하였다. 결국 아버지는 아들의 요구를 들어주며 말했다.
 "네가 스스로 어른이라 여기고 있으니 이제 다시는 집에 돌아오지 말거라."
 "알겠습니다."
 아들은 곧 수레를 끌고 산 속으로 향했다. 그러고는

호미를 들고 샘물 속에 들어가 바닥을 파기 시작했다. 그는 쌀 두 섬이 바닥이 날 때까지 샘물 옆에서 먹고 자며 날마다 샘물 바닥을 팠다. 그러나 아무리 파도 금은 나오지 않았다.

마침내 아들은 초라한 몰골로 집에 돌아와 아버지에게 자신이 보았던 샘물 속의 금에 대해 이야기했다. 그 말을 들은 아버지는 아들을 데리고 다시 샘물을 보았다. 샘물은 분명 누런 금빛에 물들어 있었다. 한참을 살펴보던 아버지는 문득 산꼭대기로 눈길을 돌렸다.

산꼭대기 역시 금빛으로 물들어 있었는데, 자세히 보니 금이 있는 곳은 바로 산꼭대기였다. 그 그림자가 샘물에 비쳐 마치 금이 묻혀있는 것처럼 보였던 것이다. 아버지는 곧 산에 올라가 금을 캐올 수 있었다.

아버지가 아들에게 말하였다.

"너는 금을 구하는 방법이 틀렸다. 자꾸 물만 파면 언제 금을 얻겠느냐?"

• 출전 : 『중경찬잡비유경』 下 · 42

눈에 보이는 것이 모두 진실은 아니다. 허상은 늘 가까이 보이게 마련이고 진실은 멀리 있다. 숲을 제대로 보려면 숲에 들어갈 것이 아니라 높은 산에 올라가야 한다.

메아리가 사는 곳

 어떤 나무꾼이 산에 올랐다가 큰 소리로 고함을 질렀다. 그러자 멀리서 메아리가 들려왔다. 나무꾼은 메아리 소리를 신기하게 여기며 홀로 생각했다.

 '이 산 속에는 나밖에 없다. 그런데 내 소리에 대답하는 저 사람은 누구인가? 분명 산골짜기 어딘가에 사람이 살고 있는 것이 틀림없다.'

 그는 산 속에 사는 사람을 찾아보기로 결심했다. 이윽고 그는 도끼와 지게를 팽개치고 깊은 산 속으로 들어가 소리쳤다.

 "여보시오!"

 다시 메아리 소리가 들려왔다.

 "여보시오!"

 분명 대답을 하는 것이라고 생각한 나무꾼은 더 큰 소리로 외쳤다.

 "어디 있소!"

 다시 메아리가 들려왔다.

 "어디 있소!"

 그는 메아리를 찾아 끝없이 깊은 산 속을 찾아 헤맸

다. 하지만 그는 끝내 사람을 찾지 못하고 온몸에 상처만 입은 채 되돌아오고 말았다.

• 출전 : 『대지도론』 권6 · 11

밖에서 찾지 말라. 눈에 보이는 것과 나를 둘러싸고 있는 사물들은 전부 '나'의 그림자일 뿐이다. 내게서 찾아라. 내 안의 울림이 진정한 나의 동반자이다.

복 밭에 씨를 뿌려라

내가 나쁜 마음을 품으면 | 가장 불쌍한 아들 | 가장 멋진 복수 | 장사꾼의 재산 목록 | 놀부의 마음 | 몸이 지은 원죄 | 그대가 죽은 후 | 지옥보다는 낫다 | 복 밭에 씨를 뿌려라 | 아직 늦지 않았다 | 염라대왕이 원하는 선물 | 나는 어디에 있는가 | 도둑의 깨달음 | 아홉 빛깔의 사슴 | 은혜를 모르는 자, 화 있을 진저 | 악한 사람의 운명 | 되로 주고 말로 받다 | 알면 다쳐 | 보이지 않는 손 | 까마귀와 요리사 | 볏짚 한 묶음으로 나라를 사다 | 볏짚 한 묶음으로 나라를 사다 | 한 번은 속일 수 있지만 | 공짜는 한 번이면 족하다

내가 나쁜 마음을 품으면

세 사람의 사내가 길을 가다가 땅에 떨어져 있는 금덩이를 발견했다. 세 사람은 정신없이 금덩이를 주워 자루에 담았다. 금덩이를 모두 줍자 세 사람은 흐뭇한 표정으로 나무 밑에 앉아 즐거운 상상에 젖었다.

"이 정도 금덩이면 평생 호의호식하며 즐겁게 살 수 있어."

세 사람은 각자의 포부를 얘기하며 즐겁게 시간을 보냈다. 그런데 한참을 웃고 떠들다보니 배가 고파졌다. 그 중 한 사람이 말했다.

"금덩이가 많이 있어도 배고픔을 피할 수는 없네그려. 제비뽑기를 해서 지는 사람이 마을에 내려가 밥을 얻어오는 것이 어떻겠나?"

나머지 사람들이 좋다고 말하자 세 사람은 제비뽑기를 했다. 이윽고 마을에서 밥을 얻어올 사람이 정해졌. 그 사람은 홀로 마을에 내려갔다. 그러나 밥을 얻으러 갔던 사람은 돌아오는 길에 갑자기 마음이 변했다.

"저 두 녀석만 없다면 그 많은 금덩이는 모두 내 것이 될 텐데."

그렇게 생각한 사내는 마을에서 구한 밥에 몰래 독약을 넣었다.

한편, 남아 있던 두 사람도 역시 흑심을 품었다.

"여보게, 밥을 얻으러 간 녀석만 없다면 이 금덩이를 우리 둘이 나눠 가질 수 있지 않겠나?"

그리하여 두 사람은 밥을 얻으러 갔던 사람이 돌아오면 서로 힘을 합해 없애버리기로 했다.

한참 시간이 지난 뒤 마침내 마을에 내려갔던 사람이 밥을 구해 돌아왔다.

"여기 밥을 가져왔네."

사내가 밥을 내밀자 두 사람은 즉시 달려들어 그를 죽여 버렸다. 그러고는 그의 주머니에 있던 금덩이를 나눠 가진 후 느긋하게 자리에 앉아 밥을 먹었다. 하지만 두 사람도 독이 든 밥을 먹고 이내 죽고 말았다.

• 출전 : 『구잡비유경』 上 · 24

마음은 전파된다. 내가 나쁜 마음을 품으면 상대방도 나쁜 마음을 품게 되고, 내가 선한 눈빛을 보내면 상대방도 선한 눈빛으로 대답한다.

가장 불쌍한 아들

어떤 사람이 죄를 범하여 마침내 사형에 처해지게 되었다. 왕은 관리에게 사형을 집행하도록 명령했다. 관리는 신분이 천한 사내를 불러 사형수의 목을 자르게 했다. 하지만 그 사내는 불법(佛法)을 따르는 사람이어서 한 번도 다른 생명을 해친 적이 없었다. 그는 고민 끝에 관리에게 말했다.

"저는 일찍이 불법에 귀의한 몸입니다. 그러므로 제 손으로 사람을 죽일 수는 없습니다."

그 말을 들은 관리가 버럭 화를 내면서 말했다.

"네 놈이 국왕의 법을 어기려 하느냐?"

관리의 위협에도 불구하고 그는 끝내 명령에 따르지 않았다. 그러자 관리는 곧 사내를 붙들어 왕에게 데려갔다.

"이 자가 왕의 명령을 듣지 않습니다."

왕이 사내를 보고 말했다.

"너는 어째서 왕의 명령을 듣지 않느냐?"

사내가 대답했다.

"대왕이시여, 저는 불법에 귀의하여 모기와 개미조차도 함부로 해치지 않습니다. 그런 저에게 어찌 사람을 죽이라는 것입니까?"

왕이 얼굴을 붉히며 말했다.

"나의 명령에 따르지 않으면 네 목숨도 온전하지 못할 것이다."

"그래도 저는 사람의 목숨을 해치지 않겠습니다. 이 목숨은 대왕의 손에 달려 있으니 마음대로 하십시오. 하지만 제 뜻은 결코 꺾이지 않을 것입니다."

왕은 그의 말을 듣고 머리끝까지 화가 치밀었다. 왕은 사내의 형제들을 모두 잡아들이도록 했다. 일곱 명의 형제가 모두 왕 앞으로 끌려나왔다. 왕이 형제들을 둘러보며 말했다.

"만일 사형수의 목을 베지 않으면 너의 형제들도 모두 살아남지 못할 것이다."

그러나 사내는 끝내 명령을 따르지 않았다. 왕은 분을 참지 못하고 사내를 죽여 버렸다. 왕은 다시 둘째에게 사형수의 목을 베라고 명령했지만 둘째아들 역시 이를 거절했다. 그렇게 일곱 명의 형제 중 여섯 명이 차례로 목숨을 잃었다.

이제 남은 것은 막내뿐이었다. 그러나 막내조차 왕의 명령에 따르지 않았다. 왕이 막내를 죽이려 하자, 마침 늙은 여인 하나가 왕 앞에 엎드리며 아뢰었다.

"일곱째만은 제발 용서해주십시오."

왕이 여인을 내려다보며 말했다.

"이 아이와는 어떤 관계인가?"

"저의 자식입니다."

"그러면 앞에 죽은 여섯은 너의 자식이 아니었는가?"

늙은 여인이 대답했다.

"그들 역시 모두 저의 자식들이었습니다."

"그렇다면 어찌하여 여섯 아들이 죽을 때는 말리지 않고, 유독 일곱째만을 살리고자 하는가?"

그러자 늙은 여인이 눈물을 흘리며 대답했다.

"먼저 죽은 여섯 명의 자식은 다행히 불법에 귀의하여 어떤 생명도 해치지 않고 착하게 살았습니다. 그러므로 죽어서도 좋은 곳에 다시 태어날 것입니다. 하지만 일곱째 자식은 아직도 착한 업(業)을 짓지 못했습니다. 죽어서도 지옥에 떨어져 핍박당할 것입니다. 그래서 저는 일곱째 자식이 앞으로 착한 업을 쌓을 기회를 가질 수 있도록 목숨을 살려달라고 청하는 것입니다."

• 출전: 『대장엄론경』 권8·46/ 『경률이상』 권20/ 『출요경』 권10 「학품」

살아 있을 때 마음을 닦아라. 티끌 하나 없이 마음이 청정한 사람은 자신의 미래를 근심하지 않는다. 그리하여 비록 죽음 앞에 설지라도 죽음의 사자를 두려워하지 않는다.

가장 멋진 복수

사자 한 마리가 코끼리를 물어 죽이고 그 고기를 먹어 버렸다. 그러나 너무나 급히 먹는 바람에 코끼리의 넓적다리뼈가 사자의 목구멍에 걸리고 말았다. 사자는 숨이 막혀 죽을 지경이었다.

그때 나무 위에서 딱따구리 한 마리가 그 모습을 지켜보고 있었다. 사자는 몹시 고통스러워하다가 딱따구리를 발견하고는 머리를 숙이며 말했다.

"딱따구리야, 내 목구멍에 걸려 있는 뼈다귀를 좀 꺼내다오."

딱따구리는 사자가 눈물을 흘리며 호소하는 것을 보고 측은한 마음이 들었다.

"뼈다귀를 꺼내주면 제게 무얼 주시겠어요?"

"먹을 것이 생길 때마다 네게도 나누어주마."

딱따구리는 그 말을 믿고 나무에서 내려와 사자의 입 속으로 들어갔다. 그러고는 날카롭고 단단한 부리로 뼈를 쪼아 목구멍에서 뽑아주었다. 목구멍에 걸려 있던 뼈가 없어지자 사자는 안도의 한숨을 내쉬었다.

그로부터 며칠이 지난 후, 사자는 사슴을 잡아 맛있는

고기를 구할 수 있었다. 이를 지켜보고 있던 딱따구리가 사자 앞으로 날아가 말했다.

"고기 좀 나눠주세요. 제겐 먹이를 기다리고 있는 많은 새끼가 있거든요."

그러나 사자는 아는 척도 하지 않았다. 딱따구리가 더욱 큰 소리로 사자에게 말했다.

"지난번에 먹이를 나눠주기로 약속했잖아요!"

그런데도 사자는 옛 약속을 까맣게 잊은 듯 딱따구리를 비웃으며 말했다.

"건방진 놈. 내 입에 들어왔다가 살아나간 놈은 하나도 없다. 네 목숨이 붙어 있는 것만도 은혜로 생각해야지."

딱따구리는 사자에게 배신감을 느꼈다. 딱따구리는 재빨리 나무 위로 날아오르며 사자를 원망했다.

다시 며칠이 지났을 때 딱따구리는 나무 밑에 잠들어 있는 사자를 발견했다. 기회를 노리고 있던 딱따구리는 재빨리 사자에게 날아가 한쪽 눈을 쪼았다. 그 바람에 사자의 한쪽 눈은 완전히 망가지고 말았다.

잠에서 깨어난 사자는 피가 흐르는 한쪽 눈을 감은 채 허공을 올려다보았다. 마침 딱따구리가 나무 위에 앉아 사자를 지켜보고 있었다. 단박에 낌새를 챈 사자가 딱따구리를 바라보며 울부짖었다.

"네 놈의 짓이구나? 무슨 원한이 있어 내 눈을 이 지경으로 만들었느냐?"

딱따구리가 대답했다.

"한쪽 눈은 남겨두었으니 내 은혜를 잊지 마세요."

그렇게 말하고 나서 딱따구리는 멀리 날아가 버렸다.

• 출전 : 『보살영락경』 권9/ 『본생경』 308/ 『육도집경』 권5 「작왕경」 / 『경률이상』 권47

감사하는 마음을 가진 사람에게는 불만이 있을 수 없다. 감사하는 사람은 비록 손발이 잘릴지라도 다행히 목숨을 잃지 않은 것에 감사하기 때문이다.

그러나 감사할 줄 모르는 사람의 생애는 비참하다. 그는 늘 불만에 차 있고, 세상을 원망하며, 남을 탓하기 때문이다. 감사하지 않는 사람에게 돌아오는 것은 원한 섞인 복수뿐이다. 딱따구리는 사자의 입 속에서 살아난 것에 대해 감사해야 하고, 사자는 한쪽 눈이 남아있음을 감사해야 한다.

장사꾼의 재산 목록

 어떤 장사꾼이 사소한 잘못을 저질러 왕에게 끌려갔다. 왕은 장사꾼의 재산을 빼앗을 뜻을 품고 그를 윽박지르며 말했다.
 "네가 가진 모든 재산의 목록을 적어 가져오라."
 장사꾼은 그 말을 듣고 집에 돌아와서 두꺼운 장부에 재산목록을 적기 시작했다. 이튿날 그는 장부를 들고 왕을 찾아갔다. 장부를 받아 읽어가던 왕은 깜짝 놀랐다. 장부에는 지금까지 장사꾼이 남에게 보시한 일들이 빼곡하게 적혀 있었기 때문이었다. 거지에게 밥 한 끼를 준 일이며, 짐승에게 먹이로 준 곡식이나 풀까지 죄다 적혀 있었다.
 왕이 화를 내며 장사꾼에게 물었다.
 "이따위 일들을 왜 기록해왔느냐?"
 장사꾼이 대답했다.
 "저희 모든 재산 목록을 보여달라고 하지 않으셨습니까? 제가 가진 재산이라고는 이 장부에 기록된 것이 전부입니다."
 "그럼 너의 재물들은 왜 기록하지 않았느냐?

장사꾼이 대답했다.

"집안에 있는 재물은 남에게서 얻은 것이고, 언젠가는 남의 손에 넘어갈 것입니다. 그래서 장부에 기록하지도 않았고, 감히 제 것이라고 말할 수도 없습니다. 저의 재산은 오직 제가 베푼 보시뿐입니다."

• 출전 : 『대장엄론경』 권5·25/ 『출요경』 권12 「신품」

집안에 쌓아놓은 재물은 잠시 맡아 가지고 있는 것에 불과하지만,
남에게 베풀어 쌓은 공덕은 아무도 빼앗을 수 없다.

놀부의 마음

 절름발이 수행자가 있었다. 그는 도를 닦으면서 걸식을 하다가 우연히 한 집에 이르렀다. 그 집안사람은 마음이 착했기 때문에 수행자가 다리를 저는 것을 보자 측은한 마음이 들었다. 그리하여 집주인은 절름발이 수행자를 집에 모시고 1년 동안 공양을 올렸다.

 1년이 지나자 수행자는 주인에게 하직인사를 올리며 말했다.

 "이제 1년이 지났으니 저는 떠나겠습니다. 그동안 고마웠습니다."

 주인이 아쉬워하며 말했다.

 "언제든 다시 들러주십시오."

 수행자와 주인은 손을 맞잡고 슬퍼하며 눈물을 떨구었다.

 수행자가 떠난 뒤 주인은 그가 묵던 방을 청소하다가 커다란 금덩이가 놓여 있는 것을 발견했다. 주인은 금세 큰 부자가 되었다.

 그의 이웃에 마음씨가 고약한 사람이 살고 있었다. 그는 옆집 사람이 1년 만에 큰 부자가 된 것을 보고는 이를 이상히 여겼다. 그는 옆집에 찾아가 물었다.

"1년 전에는 그대가 몹시 가난했는데, 지금 이렇게 부자가 된 것은 무슨 까닭이오?"

주인은 수행자가 커다란 금덩이를 남기고 갔다는 것을 사실대로 말해주었다. 이웃집 사람은 그 소리를 듣고는 이렇게 생각했다.

"옳지! 나도 절름발이 수행자를 찾아 섬기면 큰돈을 벌겠구나!"

이웃집 사람은 이내 절름발이 수행자를 찾아 나섰지만 어디에서도 그런 사람을 찾을 수가 없었다. 그러던 어느 날, 그는 나무 밑에서 좌선을 하고 있는 한 사람의 수행자를 만났다.

"옳지. 절름발이가 아니면 절름발이를 만들면 되지."

이웃집 사람은 곧 수행자를 붙잡아 집으로 데려와서는 한쪽 다리를 부러뜨렸다. 그러고는 얼마 동안 수행자를 섬기다가 이내 내쫓아버렸다.

"분명 그놈이 금덩이를 놓고 갔을 거야."

그는 수행자를 내쫓은 뒤 그가 머물던 방을 샅샅이 뒤졌다. 마침 방구석에 가죽으로 만든 커다란 주머니가 있었다.

"바로 저거로군."

그는 얼른 가죽주머니를 열어젖혔다. 그러자 가죽주

머니에서 독사와 벌과 전갈이 쏟아져 나와 온 집안 식구를 물어댔다. 결국 그는 금덩이를 얻지 못하고 독사에 물려 죽고 말았다.

- 출전 : 『경률이상』 권44
- 이 이야기는 우리의 전래설화인 『흥부전』에서 제비의 발을 부러뜨리는 내용과 유사하다.

억지로 지은 복은 복이 아니다. 오직 선한 마음에서 우러나온 베풂만이 복이 된다.

몸이 지은 원죄

 어떤 사람이 죽은 다음에 그 영혼이 자신의 무덤을 찾아왔다. 그는 무덤을 파낸 다음 자신의 시체를 꺼내고는 가시가 달린 나뭇가지로 시체를 때리기 시작했다.
 한 사람이 그 곁을 지나다가 그 모습을 보고 물었다.
 "왜 죽은 사람의 시체를 매질하십니까?"
 영혼이 대답했다.
 "이것이 바로 나의 옛 몸이오. 그런데 이놈이 나에게 아주 나쁜 짓을 저질렀습니다. 이놈은 도둑질을 하고, 남을 속였으며, 부모에게 불효하였고, 구두쇠가 되어 재물을 모았지요. 그래서 나는 지옥에서 갖은 고생을 하다가 구천을 떠돌게 되었습니다. 그래서 매질을 하는 것입니다."

• 출전 : 『경률이상』 권46

 어떤 사람이 죽은 뒤에, 그 영혼이 자신의 무덤을 찾았다. 그는 무덤을 파낸 다음 자신의 시체를 꺼내고는 그 뼈로 돌아가려 했다.
 한 사람이 그 곁을 지나다가 그 모습을 보고 물었다.

"이미 죽은 자가 무엇 때문에 다시 뼈로 돌아오는가?"

그러자 영혼이 대답했다.

"이것이 바로 나의 옛 몸이오. 이 몸은 살아 있을 때에 살생을 하지 않았고 도둑질을 하거나 간음하거나 남을 속이지도 않았습니다. 그리하여 죽은 뒤에 천상에서 끝없는 즐거움을 누렸습니다. 나는 다시 옛 몸으로 돌아가 아름다운 업을 쌓으려고 합니다."

• 출전 : 『구잡비유경』 下 · 57

몸을 신중히 하라. 그 몸이 장차 영혼의 거처를 정할 것이다.

그대가 죽은 후

옛날, 어떤 도시에 큰 부자가 살았다. 그는 아들을 장가들이면서 부처님을 섬기는 집안의 딸을 얻었다. 그런데 새로 얻은 며느리는 늘 스님들과 이웃사람들에게 베푸는 것을 좋아하였다. 부자는 그런 며느리의 행동을 지켜보며 몹시 화를 냈다.

"며느리가 우리 가문을 알거지로 만들겠구나."

그러나 며느리는 이에 아랑곳하지 않고 늘 남편을 시켜 집안의 재물들을 사람들에게 나누어주도록 했다. 남편은 아내로부터 받은 돈과 비단을 여종에게 주었고, 여종은 다시 머슴에게 주었으며, 머슴은 주인 모르게 그것을 절에 보시하거나 사람들에게 나눠주었다.

그때 나라 안에 축제가 벌어졌다. 사람들은 모두 강변으로 나와 음악을 울리며 노래하고 놀았다. 부자 역시 좋은 옷을 차려입고 축제에 참가했다. 축제가 막 끝나갈 무렵, 부자는 서쪽에서 백마를 타고 오는 사람을 보았다. 부자가 그 모습을 보니 마치 천상의 사람 같았다.

부자가 얼른 그에게 다가가 물었다.

"당신은 하늘에서 온 사람입니까?"

백마를 탄 사람이 대답했다.

"뒤에 오는 이에게 물어보시오."

잠시 후, 아름다운 보석으로 치장한 여인이 수많은 시종들의 호위를 받으며 다가왔다. 부자는 재빨리 여인에게 다가가 물었다.

"당신은 어떤 복을 지었기에 이런 모습을 하고 있는 것입니까?"

여인이 대답했다.

"뒤에 오는 이에게 물어보시오."

얼마 있으니 남자와 여자가 천사들의 호위를 받으며 다가왔다. 부자는 다시 그들에게 다가가 물었다.

"어떠한 복을 지었기에 그렇게 되셨습니까?"

"뒤에 오는 이들에게 물어보시오."

잠시 후, 두 귀신이 추레한 몰골로 불에 휩싸인 채 걸어왔다. 부자가 물었다.

"당신들은 무슨 죄를 지었기에 이렇게 되었습니까?"

귀신이 대답했다.

"혹시 당신은 성안에 큰 부자가 있다는 말을 들으셨습니까?"

부자는 그 말을 듣고 흠칫 놀랐다.

"먼저 백마를 타고 지나간 이는 그 집의 머슴이요, 두 번째 지나간 여인은 바로 그 집의 여종입니다. 그리고 세 번째 지나간 두 사람은 그 집의 아들과 며느리입니다."

부자는 집안에 거느리고 있는 사람들이 모두 좋은 세상에 태어날 것임을 알고 몹시 기뻤다. 부자가 다시 물었다.

"그럼 귀신 몰골을 하고 있는 당신들은 누구입니까?"

"우리는 바로 그 집의 주인과 아내입니다."

• 출전 : 『경률이상』 권31

100년 후, 우리는 죽어 있을 것이다. 욕심이 많은 사람들은 자신의 묘지를 화려하게 꾸미겠지만, 저 세상에서도 안락한 생활을 누릴 것이라는 보장은 없다. 그곳은 공평하다. 현세에서 지은 업대로 평가받기 때문이다.

지옥보다는 낫다

 어떤 왕이 수행자 한 사람과 친척지간이었다. 왕은 수행자를 공경하여 날마다 찾아가 문안을 올렸다. 대신 한 사람이 왕에게 말했다.

 "전하께서는 어찌하여 천한 사람에게 매일 문안을 올리십니까? 더구나 그 수행자는 왕을 뵙고도 자리에서 일어나지 않습니다."

 왕이 그 말을 들으니 자존심이 상했다. 왕은 자신의 행동이 지나친 것이라 여기며 대신에게 말했다.

 "그대 말에도 일리가 있다. 만일 내일 아침에도 그가 자리에서 일어나지 않으면 목을 베고 말리라."

 이튿날 아침, 왕은 다시 수행자를 찾아갔다. 수행자는 왕이 오는 것을 보고 금세 왕의 마음을 읽었다. 수행자는 왕이 자신을 해치려는 것을 눈치 채고는 이렇게 생각했다.

 '내가 일어나 예를 올리지 않으면 왕이 내 목을 끊겠구나. 하지만 내가 일어나 왕을 맞는다면 그는 곧 왕위에서 쫓겨날 운명이로다.'

 왕의 미래를 내다본 수행자는 고민에 빠졌다. 일어나

인사를 하자니 왕이 쫓겨날 것이요, 가만히 앉아 있자니 자신의 목이 달아날 것이었다. 하지만 가만히 앉아 있다가 목을 베이면 왕은 그 죄로 인하여 지옥에 떨어질 것이 분명했다. 그래서 수행자는 왕이 지옥에 떨어지느니 왕위에서 쫓겨나는 편이 나을 거라는 생각이 들었다.

결국 수행자는 왕이 지옥에 떨어지는 것을 막기 위해 스스로 자리에서 일어나 인사를 올렸다. 왕이 화들짝 놀라며 물었다.

"어제까지는 일어나서 인사를 올리지 않더니 오늘은 웬일이오?"

수행자가 대답했다.

"전하를 위해서입니다."

"그럼, 어제는 왜 인사를 하지 않았소?"

"그것도 전하를 위해서입니다."

"나를 위해서라니?"

"전하께서 어제는 좋은 마음으로 저에게 왔고, 오늘은 나쁜 마음을 가지고 왔습니다. 전하께서 내 목을 베면 곧 지옥에 떨어질 것 같아 이렇게 인사를 올리는 것입니다. 하지만 제가 인사를 올렸으니 전하께서는 곧 왕위를 잃을 운명입니다."

"내가 왕위를 잃는단 말인가?"

"그렇습니다. 앞으로 7일 후에는 왕위를 잃게 될 것입니다."

왕은 그 말을 듣고 기분이 상했다. 하지만 도를 터득한 수행자의 말이었으므로 무시할 수도 없었다. 왕은 궁궐로 돌아온 뒤 성의 수비를 강화하고, 만일에 대비하여 창고에 곡식과 먹을 물을 가득 채워두었다.

이윽고 7일째가 되었다. 왕은 내심 초조했으나 한낮이 되도록 아무 일도 일어나지 않았다. 왕은 강물에 배를 띄우고 뱃놀이를 하면서 소리쳤다.

"그자가 거짓말을 하였구나!"

그 무렵, 이웃나라에서는 큰 가뭄에 시달리고 있었다. 그 나라 왕은 옆 나라 왕이 물이 나오게 하는 구슬을 가진 것을 알고, 곧 군사를 동원하여 성을 포위했다. 그리하여 뱃놀이를 하고 있던 왕도 포로가 되어 7년 동안이나 이웃나라에 끌려가 있어야 했다.

• 출전 : 『사분율』 권53

갖고 있는 부귀영화를 다 잃을지라도 죽는 것보다는 낫다. 비록 창칼에 찔려 비참하게 죽을지라도 지옥에 떨어지는 것보다는 낫다.

복 밭에 씨를 뿌려라

어떤 화가가 12년 동안이나 여러 나라를 돌아다니며 그림을 그렸다. 그는 사람들에게 그림을 팔아 3천 냥이라는 큰돈을 모아 고국으로 향했다.

고국으로 돌아오는 도중 그는 어떤 성에 들어가 하룻밤을 묵기로 했다. 마침 성안으로 들어가니 사방에서 북소리가 울리고, 수많은 스님들이 한곳에 모여 법회를 열고 있었다. 그 모습을 본 화가는 갑자기 신심(信心)이 일어 한 승려에게 물었다.

"이 스님들이 하루 동안 먹을 음식을 장만하려면 돈이 얼마나 필요합니까?"

승려가 대답했다.

"3천 냥은 있어야 합니다."

화가는 그 말을 듣고 12년 동안 모은 3천 냥을 보시했다.

결국 그는 빈손으로 집에 돌아왔다. 아내는 오랜만에 돌아온 남편을 보자 얼굴에 화색이 돌았다.

"12년 동안 무엇을 하였습니까?"

"그림을 팔아 3천 냥을 벌었소."

아내가 몹시 기뻐하며 말했다.

"돈은 어디 있습니까?"

"복 밭에 씨를 뿌렸소."

그 말을 들은 아내는 고개를 갸우뚱하며 말했다.

"그게 무슨 말입니까?"

"돌아오는 길에 스님들에게 모두 보시했소."

순간 아내의 얼굴은 차갑게 일그러졌다. 아내는 분하고 억울한 생각에 남편을 관청에 고발했다. 남편이 재판정에 끌려오자 재판관이 아내에게 물었다.

"그대는 무엇 때문에 남편을 고발했는가?"

"남편은 12년 동안 객지에 있었습니다. 그동안 저는 온갖 고생을 하면서 자식들을 키웠습니다. 그런데 남편은 12년 동안 벌어놓은 3천 냥을 모두 남에게 주었습니다."

재판관이 남편을 돌아보며 물었다.

"왜 남에게 돈을 주었는가?"

"저는 전생에 공덕을 닦지 못해 지금까지 가난하게 살았습니다. 마침 돌아오는 길에 저는 복을 심을 큰 밭을 만났습니다. 그때 저는 지금 씨앗을 심지 않으면 다음에도 가난에서 벗어날 수 없다는 생각이 들었습니다. 그래서 스님들에게 모두 공양했습니다."

재판관은 화가의 말을 듣고 깊은 감동을 받았다. 재판관은 자신의 목에 걸려 있는 보석 목걸이와 타고 다니던 말과 마을 한 곳을 봉해주었다. 화가는 깜짝 놀라 말했다.

"제가 아직 복을 짓지도 않았는데 이런 것을 주시는 것은 너무 과분합니다."

재판관이 말했다.

"보시의 마음은 씨앗을 심지도 않았는데 벌써 싹이 나는 것과 같습니다. 그대가 장차 수확할 열매는 아직 돌아오지도 않았습니다."

• 출전 : 『대지도론』 권11 · 19/ 『경률이상』 권44

한 섬의 씨앗을 갖고 있다 해도 뿌리지 않으면 소용이 없다. 한 섬의 씨앗은 한 섬의 곡식일 뿐이다. 하지만 한 섬의 곡식을 씨앗으로 여기는 사람은 만 섬의 곡식을 얻을 수 있다.

아직 늦지 않았다

 옛날 어떤 나라의 왕이 이웃나라들과 여러 차례 전쟁을 일으켜 수없이 많은 사람을 죽이고 그 땅을 정복했다. 얼마 후 왕은 죽어서 반드시 지옥에 떨어지리라 생각하고 자신의 잘못을 후회했다. 그는 궁궐로 돌아와 커다란 절을 짓고 스님들을 공양하며 스스로 청정한 계율을 지켰다. 그 모습을 본 여러 신하들이 수군댔다.
 "왕은 이미 무수한 인명을 살상했는데 이제 와서 좋은 일을 한들 무슨 소용인가?"
 왕은 신하들의 수군거림을 듣고 엄히 말했다.
 "너희들은 지금부터 7일 동안 커다란 솥에 물을 끓이거라."
 7일 후 왕은 끓는 가마솥에 반지 하나를 던져 넣고 다시 신하들에게 명했다.
 "이제 끓는 물속에 있는 반지를 꺼내오너라."
 신하들이 외쳤다.
 "차라리 죽이려거든 다른 방법으로 죽여주십시오. 어찌 펄펄 끓는 물속에 있는 반지를 꺼낼 수 있겠습니까?"
 "그렇다면 어떻게 반지를 꺼낼 수 있겠느냐?"

"불을 끄고 찬물을 넣어 물을 식힌 다음에 꺼내야 합니다."

왕이 말했다.

"그렇다. 내가 과거에 지은 죄는 뜨거운 가마솥의 끓는 물과 같다. 하지만 더 이상 불을 때지 않고 찬물을 부으면 뜨거운 가마솥을 식힐 수 있는 것이다. 마찬가지로 내가 지금부터 참회를 하고 다시는 나쁜 짓을 하지 않으면 어찌 지옥에서 벗어나지 못하겠느냐?"

신하들은 깨달은 바가 있어 고개를 조아렸다.

• 출전 : 『잡보장경』 권7·94/ 『경률이상』 권29/ 『구잡비유경』 上·10

지난날 저지른 죄에 묶여 있지 말라. 아직 늦지 않았다. 지금 반성하는 사람에게는 지난날의 죄를 소멸시킬 수 있는 시간이 그만큼 많이 남아 있다. 끓는 물에 찬물을 넣으면 이내 식듯이, 죄가 많으면 그만큼 선한 일을 많이 행하면 된다.

염라대왕이 원하는 선물

 일찍 아버지를 여의고 홀어머니를 모시고 사는 청년이 있었다. 그는 매일 착한 일을 하면서 어머니를 극진히 모셨다. 하지만 그가 살고 있는 나라의 왕은 흉포하기 이를 데 없었다. 왕은 백성들을 핍박하고 재물을 긁어모았다.

 그러나 세월이 흐르자 왕도 점점 늙어갔다. 이윽고 죽을 날이 가까워오자 왕은 그동안 자신이 저지른 일 때문에 죽어서 지옥에 떨어질까 두려워지기 시작했다. 왕은 궁리 끝에 이런 생각을 하게 되었다.

 '지옥에 있는 염라대왕에게 뇌물을 바치면 나를 지옥에서 구해줄 거야.'

 그리하여 왕은 즉시 나라 안에 명령을 내렸다.

 "백성들이 갖고 있는 금을 모두 바치도록 하라! 만일 감추는 자는 사형에 처하리라."

 그 후 3년이 지나자 백성들이 갖고 있던 금은 모두 왕의 차지가 되었다. 그래도 미덥지 못한 왕은 다시 명령을 내렸다.

 "조그만 금싸라기라도 바치는 자가 있으면 가장 사랑

하는 막내딸과 혼인시키고 후한 벼슬을 주겠다."

그때 어머니와 둘이 살아가고 있던 청년은 문득 아버지의 무덤 속에 함께 묻은 금화 한 닢을 떠올렸다. 아버지가 돌아가셨을 때 노잣돈으로 쓰도록 하기 위해 아버지의 입 속에 금화 한 닢을 넣어둔 것이었다. 청년은 어머니의 허락을 받은 후 무덤을 파내 금전 한 닢을 왕에게 바쳤다. 그러나 왕은 상을 내리기는커녕 청년을 체포하여 금의 출처를 캐물었다.

"너는 갖고 있는 금을 바치라고 명했을 때 내 명을 어겼다. 도대체 그 금이 어디서 난 것이냐?"

"아버지가 세상을 떠났을 때 노자로 쓰라고 입속에 넣어둔 것입니다. 이번에 대왕께서 금을 구한다기에 아버지의 무덤을 파서 캐냈습니다."

"아버지가 죽은 지 몇 년이나 되었는가?"

"11년입니다."

"그럼 너는 어찌하여 그 금을 염라대왕에게 뇌물로 보내지 않았는가?"

청년이 대답했다.

"행복과 불행은 그림자나 메아리와 같습니다. 아무리 그림자를 피하려 해도 지울 수가 없고, 아무리 산을 가로막아도 메아리를 피할 수는 없습니다. 이미 죽은 다음에 염라대왕에게 뇌물을 바친다 해도 무슨 소용이 있겠습니까? 임금께서는 전생에 많은 덕을 베풀었기 때문에 지금 임금의 자리에 있는 것입니다. 만일 지금 다시 덕을 베풀면 후생에도 다시 임금으로 태어날 것입니다."

그 말을 들은 왕은 문득 깨달은 바가 있어서 감옥에 갇혀 있던 모든 죄수들을 풀어주고, 빼앗았던 금도 모두 백성들에게 돌려주었다.

• 출전 : 『육도집경』 권6 「살신제가인경」 / 『대장엄론경』 권3·15

지옥을 두려워하는 사람은 지금 이 순간을 성실하게 살지 않은 사람들이다. 목숨이 끝나갈 즈음에 무엇을 하고자 하는 것만큼 어리석은 일은 없다. 오늘의 삶이 바로 죽은 뒤에 남길 수 있는 유일한 재산인 것이다.

나는 어디에 있는가

 어느 곳에 뜨거운 용암이 흐르는 강이 있었다. 그 강은 몹시 뜨겁고, 늘 어두운 재에 휩싸여 있었다. 또 강의 양쪽 기슭에는 날카로운 가시나무가 무성하게 자라고 있었다.
 이 강에는 날마다 많은 죄인들이 떠내려갔다. 어느 날 한 무리의 죄인들이 뜨거운 용암 위로 떠내려가고 있었는데, 그중 한 사람이 곤경에서 벗어나기 위해 온갖 궁리를 하기 시작했다.
 "한시라도 빨리 이 강에서 벗어나지 않으면 안 된다."
 그러나 강기슭을 바라보니 날카로운 가시나무가 빽빽하게 들어차 있었다. 그는 강물을 거슬러 올라가 벗어날 곳을 찾아보기로 했다. 그는 열심히 강물을 저으며 조금씩 상류 쪽으로 거슬러 올라갔다.
 한참을 올라가자 눈앞이 조금씩 밝아지기 시작했다. 그는 용기를 얻어 더욱 열심히 거슬러 올라갔다. 다시 한참 동안을 거슬러 오르자 뭍이 나타났다. 그는 온힘을 다해 가까스로 뭍에 기어올랐다.
 그러나 근처를 둘러보니 온통 커다란 돌산뿐이었다.

그는 다시 젖 먹던 힘을 다해 돌산을 오르기 시작했다. 돌산의 중턱에 이르자 맑고 시원한 물이 솟아나 사방으로 흐르고 있었다. 그 물은 맑고, 부드럽고, 향기로웠다.

그는 그 물을 마신 다음 몸을 씻었다. 그랬더니 몸과 마음이 한결 상쾌해졌다. 얼마쯤 더 올라가자 큰 연못이 나타났는데 그곳에는 아름다운 연꽃이 활짝 피어 있었다. 연꽃 향기를 맡으니 더욱 정신이 맑아지는 것 같았다. 다시 산꼭대기에 다다르자 높은 누각이 서 있었다.

누각 안으로 들어가자 화려한 베개와 이부자리가 마련되어 있었고, 사방은 향기로운 꽃으로 장식되어 있었다. 베개를 베고 눕자 더 이상 바랄 것이 없었다.

잠시 후 그는 몸을 일으켜 누각에 앉아 멀리 불타는 강물에서 괴로워하고 있는 사람들을 바라보았다. 그는 죄인들이 너무나 불쌍하다는 생각이 들어 그들을 향해 큰 소리로 외쳤다.

"여보시오! 위쪽으로 거슬러 올라가시오!"

그러자 강물에 휩쓸려 내려가던 사람들이 그를 바라보며 소리쳤다.

"위쪽으로 가라고요? 위쪽에는 빠져나갈 길이 있다는 겁니까?"

"그럼요. 나도 이렇게 빠져나왔는걸요."

그 말을 들은 사람들이 서둘러 상류 쪽으로 가려 하

자 그중 한 사람이 소리를 지르며 말렸다.

"그 말을 믿지 말라. 저 사람도 어디로 가야 할지 모르는 사람이다. 결국 저 삶도 우리처럼 이 뜨겁고 어두운 강물에서 떠올랐다 가라앉았다 하면서 떠내려가고 있는 사람인 것이다. 그런 사람에게 물어 어떻게 알 수 있단 말인가?"

결국 강물에 빠져 있던 죄인들은 서로 다투다가 화염 속으로 휩쓸려가고 말았다.

• 출전 : 『잡아함경』 권43 「회하경」

삶이란 결국 뜨거운 화염 속을 헤엄치는 것과 같다. 화염에서 벗어나려면 몸을 식혀줄 수 있는 물이 흐르는 곳을 찾아야 한다.
우리의 인생을 180도로 돌려놓는 기회는 반드시 찾아온다. 하지만 많은 사람들이 스스로의 아집에 빠져 길을 알고 있는 사람을 의심하고 배척한다. 그들의 삶은 변하지 않는다. 결국 그는 고통의 강물에서 벗어나지 못한 채 그대로 휩쓸려가는 것이다.
화염에서 먼저 벗어난 이를 찾아라. 그리고 그가 서 있는 곳을 보라. 만일 그가 벗어난 이라면, 그의 말에 귀를 기울이라.

도둑의 깨달음

 항상 놀기를 좋아하고 남의 물건을 기막히게 훔치는 재주를 가진 도둑이 있었다. 그의 이름은 이미 널리 알려져 사람들은 모두 그가 도둑임을 알았다.
 어느 날, 그는 어떤 절에 구리 항아리가 있다는 말을 듣고 절에 숨어들었다. 하지만 구리 항아리는 어디에서도 찾을 수가 없었다. 그가 막 절을 나오려는데 어디선가 스님의 노랫소리가 들려왔다.

 천인(天人)의 눈 깜빡이는 것은 매우 더디고
 속세 사람들의 눈 깜빡이는 것은 매우 빠르구나

 얼마 후, 그 나라의 왕이 값진 구슬 하나를 구하여 탑 기둥에 달아두었다. 이 소문을 들은 도둑은 기회를 노리다가 마침내 그 구슬을 훔쳐 숨겨놓았다.
 귀한 구슬이 없어진 것을 알게 된 왕은 매우 화가 나서 온 백성들에게 명했다.
 "누구라도 구슬을 가져오는 자가 있으면 큰 상을 주겠노라!"

그러나 상당한 시일이 지나도록 찾아오는 사람이 없었다. 그때 슬기로운 신하 한 사람이 왕에게 말했다.

"이 나라에 도둑이 거의 없어졌지만, 오직 한 사람만이 도둑질을 하며 살아갑니다. 온 나라 사람들이 다 알고 있으니, 구슬도 반드시 그자가 훔쳤을 것입니다."

"하지만 증거가 없지 않소?"

"좋은 생각이 있습니다."

신하는 왕에게 한 가지 꾀를 일러주었다.

이튿날이 되자 왕은 신하의 말대로 도둑을 궁궐로 초대했다. 그런 다음 술을 권하여 취하도록 만들었다. 도둑이 술에 취하자 왕은 기녀들을 화려하게 치장시킨 다음 그의 주변에 세워놓았다.

술에서 깨어난 도둑은 주변을 돌아보다가 화들짝 놀랐다. 마치 천국에 와 있는 기분이 들었던 것이다. 도둑이 어리둥절해하자 아리따운 기녀 하나가 다가와 물었다.

"이곳은 하늘나라입니다. 당신이 이곳에 오기 전에 귀한 구슬을 훔쳤기 때문에 하늘나라에 태어난 것입니다. 그런 일이 있었지요?"

도둑은 꿈인지 생시인지 아리송했다. 순간 그는 옛날 절에 구리 항아리를 훔치러 갔다가 들었던 스님의 노래가 떠올랐다.

'만일 이곳이 하늘나라라면 여인들의 눈 깜빡이는 것

이 매우 더딜 것이다.'

도둑은 얼른 기녀들의 눈을 바라보았다. 하지만 기녀들의 눈 깜박임은 보통사람들과 전혀 다름이 없었다. 도둑은 곧 이곳이 하늘나라가 아니라는 것을 알아차렸다. 그리하여 몽롱한 눈빛을 한 채 기녀에게 말했다.

"나는 구슬을 훔친 일이 없소. 아마 사람을 잘못 본 모양이오."

도둑이 술이 깨자 왕은 더 이상 죄를 물을 수가 없었다. 난감해진 신하가 다시 왕에게 한 가지 꾀를 일러주었다.

이튿날 왕은 신하가 일러준 대로 도둑을 불러다가 대신으로 임명했다. 그리고 미리 창고의 물건을 조사한 다음, 그 창고의 책임자로 임명했다.

"창고를 관리하는 자리는 오직 왕이 믿는 사람만 임명될 수 있다. 그러니 창고를 잘 지켜 잃어버리는 물건이 없도록 하라."

그 말을 들은 도둑은 감격했다. 왕이 가장 믿는 사람은 바로 자신이었던 것이다. 도둑이 감격하는 것을 본 왕이 은근히 물었다.

"옛날 내가 구슬을 잃은 적이 있는데, 혹시 그런 말을 들어본 적이 있는가?"

왕의 말에 도둑은 눈물을 흘리며 대답했다.

"전하께서 저를 이토록 신뢰하시는데 어찌 거짓말을 하겠습니까? 사실 그 구슬을 훔친 자는 바로 저였습니다."

왕이 다시 물었다.

"그렇다면 그대가 술에 취해 뭇 기녀들이 물었을 때는 왜 사실대로 고백하지 않았는가?"

"옛날 절에 갔다가 '하늘나라 사람들이 눈을 깜빡이는 것은 매우 더디다'는 게송을 들었기 때문입니다."

자초지종을 들은 왕은 구슬을 얻은 대신 도둑을 용서해주었다. 도둑이 눈물을 흘리며 말했다.

"원컨대 제가 출가할 것을 허락해주소서."

"이제 그대는 용서를 받아 부귀와 쾌락을 다 얻을 수 있는데 왜 출가하려 하는가?"

"저는 한 구절의 게송을 들은 것만으로 목숨을 건지고 용서를 받았습니다. 하물며 많은 경전을 듣고, 외우고, 수행한다면 얼마나 큰 이익을 얻겠습니까? 그러므로 제가 출가하기를 원하는 것입니다."

• 출전 : 『경률이상』 권44/ 『찬집백연경』 권8 「비구니품」

처음 마음을 일으키는 데는 한 구절이면 족하다. 『금강경』에 '머무는 바 없이 마음을 일으켜라(應無所住而生其心)'는 말이 있다. 시작이 절반이다. 지금 마음을 일으켰다면, 이미 절반은 이룬 것이다.

아홉 빛깔의 사슴

 어떤 숲 속에 아홉 가지 빛깔의 털에 눈처럼 흰 뿔을 가진 사슴 한 마리가 살고 있었다. 어느 날, 강가를 거닐던 사슴은 물에 빠져 허우적거리는 사내를 보았다. 물에 빠진 사내는 나무토막을 붙잡고 발버둥 치며 살려달라고 애원했다.
 "살려주세요! 살려주신 은혜는 꼭 갚겠습니다!"
 비명을 들은 사슴은 재빨리 강물 속에 뛰어들어 물에 빠진 사내에게 다가갔다.
 "내 등을 타고 양쪽 뿔을 꼭 붙잡으십시오!"
 사슴은 사내를 등에 태우고 강기슭까지 데려다주었다. 물에서 빠져나오자 사내는 사슴에게 머리를 조아리고 감사의 말을 전했다.
 "당신 덕에 목숨을 구했습니다. 그 보답으로 당신의 노예가 되겠습니다."
 하지만 사슴은 고개를 흔들며 말했다.
 "그럴 필요 없습니다. 만약 나에게 은혜를 갚고 싶다면 내가 여기에 살고 있다는 것을 누구에게도 말하지 말아주십시오. 만약 사람들이 나의 존재를 안다면 아름다운 털과 뿔을 얻기 위해 나를 죽일 것입니다."

사내는 사슴에게 비밀을 지키겠다고 약속하고는 서둘러 가버렸다.

한편 그 나라의 왕비는 꿈속에서 아홉 빛깔 털과 흰 뿔을 가진 사슴을 보았다. 그 사슴의 아름다운 모습에 반한 왕비는 잠에서 깨어나 왕에게 말했다.

"어젯밤 꿈에 이상한 사슴을 보았습니다. 그 털은 아홉 가지 빛깔이고, 뿔은 눈과 같이 희었습니다. 나는 그 털로 방석을 만들고, 그 뿔로 부채의 손잡이를 만들고 싶습니다."

왕비의 말을 들은 왕은 왕비에게 사슴을 잡아주겠다고 약속한 후 방방곡곡에 명령을 내렸다.

"아홉 빛깔의 사슴을 잡는 자에게는 이 나라의 절반과 황금을 상으로 주겠다."

이 소문은 물에 빠졌던 사내의 귀에까지 전해졌다. 그는 몹시 기뻐하면 이렇게 외쳤다.

"드디어 내게도 복이 터지는구나. 그 사슴이 있는 곳을 아는 사람은 나뿐이다!"

그는 곧 궁궐로 달려가 왕에게 아뢰었다.

"그 사슴이 있는 곳을 알고 있습니다."

왕은 기뻐하며 많은 군사를 이끌고 사내의 안내를 받아 숲으로 향했다. 그때 나뭇가지에 앉아 있던 까마귀가 군사들이 몰려오는 것을 보고 재빨리 사슴에게로 날아갔다.

"큰일 났어요. 왕의 군대가 당신을 잡으러 왔어요."

사슴이 깜짝 놀라 주위를 살펴보니 이미 왕의 군대가 겹겹이 포위하고 있었다. 그러나 사슴은 태연한 모습으로 왕이 타고 있는 수레 앞으로 걸어갔다. 군사들이 활을 쏘려 하자 왕은 이를 말리며 군사들에게 말했다.

"멈추어라. 이 사슴은 보통사슴이 아닌 것 같구나."

사슴은 왕 앞에 이르러 말했다.

"나는 당신에게 은혜를 베푼 적이 있습니다."

왕이 이 말을 듣고 고개를 갸우뚱거리며 말했다.

"어떤 은혜를 베풀었단 말인가?"

"이 나라 백성의 목숨을 구해준 일이 있습니다."

그렇게 말한 다음 사슴은 무릎을 꿇고 왕에게 물었다.

"내가 살고 있는 곳을 알려준 사람은 누구입니까?"

그러자 왕은 한 사내를 가리켰다. 사슴이 바라보니 바로 자신이 구해주었던 사람이었다. 사슴은 고개를 들어 찬찬히 그 사내를 쳐다보더니 구슬 같은 눈물을 흘리면서 왕에게 말했다.

"대왕이시여! 저 사람은 며칠 전에 강물에 빠졌던 사람입니다. 나는 저 사람을 구해주었습니다. 그때 저 사람은 은혜를 갚겠다며 스스로 나의 노예가 되겠다고 했습니다. 그런데 이렇게 은혜를 배신하는군요. 차라리 저 은혜를 모르는 사람 대신 나무토막을 건져주는 것이 훨씬 나을 뻔했습니다."

왕은 사슴의 말을 듣고는 사내를 바라보며 꾸짖었다.

"슬프다! 내 백성이 은혜를 원수로 갚다니."

왕은 사슴을 놓아주고, 다시는 사슴을 잡지 못하도록 온 백성들에게 명했다.

• 출전 : 『육도집경』 권6 「정진도무극장」 / 『불설구색록경』 / 『보살본연경』 下 「사슴품」 / 『본생경』 12·482/ 『경률이상』 권11

은혜를 입었다면 애써 갚지 않아도 된다. 보답을 바라고 주는 은혜는 은혜가 아니기 때문이다. 그러므로 진실로 은혜를 베푸는 사람은 아무런 보답도 바라지 않는다. 그러나 은혜를 갚지 않을지언정, 입은 은혜를 잊어서는 안 된다. 은혜를 원수로 갚는 일은 더더욱 해서는 안 된다.

은혜를 모르는 자, 화 있을 진저

어떤 숲 속에 깊이가 30길이나 되는 구덩이가 있었다. 어느 날, 사냥꾼 하나가 사슴을 쫓다가 깊은 구덩이 속으로 떨어지고 말았다. 사냥꾼이 하늘을 쳐다보며 도움을 구하고 있는 사이, 근처에 있던 까마귀와 뱀도 함께 구덩이 속으로 떨어졌다.

때마침 길을 지나던 수행자가 그들의 울음소리를 듣고는 구덩이 속을 내려다보았다. 컴컴한 구덩이 안을 자세히 살펴보니 사람과 까마귀와 뱀이 서로 뒤엉킨 채 살려달라고 외치고 있었다. 수행자가 측은한 눈빛으로 그들을 바라보며 말했다.

"걱정하지 마라. 내가 너희들을 구해주리라."

수행자는 곧 나무껍질로 긴 밧줄을 만들어 그들을 모두 구해주었다. 사람과 까마귀와 뱀은 함께 머리를 조아리면서 말했다.

"고맙습니다. 반드시 이 은혜를 갚겠습니다."

수행자가 말했다.

"보다시피 나는 수행하는 사람이다. 아무것도 원하지 않으니 너희들은 굳이 은혜를 갚을 필요가 없다."

그러자 사냥꾼이 말했다.

"잠시 틈을 내어 제 집을 한번 찾아주십시오. 어찌 밥 한 끼 대접하지 못하겠습니까?"

이번에는 까마귀가 말했다.

"만약 어려운 일이 생기면 저를 불러주십시오. 즉시 달려가겠습니다."

뱀이 말했다.

"어려움이 생기면 저도 불러주십시오. 꼭 와서 은혜를 갚겠습니다."

그러고 나서 그들은 모두 제자리로 돌아갔다.

어느 날, 수행자는 문득 사냥꾼의 집을 찾아갔다. 사냥꾼은 멀리서 수행자가 오는 것을 보고는 아내에게 말했다.

"내가 밥상을 차리라고 하면 어물어물 시간을 끌어요. 승려들은 한낮이 지나면 아무것도 먹지 않는다고 합니다."

이윽고 수행자가 도착하자 사냥꾼은 아내에게 밥상을 차리라고 소리쳤다. 하지만 그의 아내는 부지런히 부엌만 들락거릴 뿐 밥상을 내오지 않았다. 결국 시간이 흘러 한낮을 넘기고 말았다.

한낮이 지나자 수행자는 자리에서 일어섰다. 사냥꾼이 짐짓 수행자의 옷자락에 매달리며 말했다.

"여기까지 와서 그냥 가시면 어떻게 합니까? 제 목숨을 구해준 분인데 부디 한 끼 식사라도 하고 가십시오."

"아닙니다. 수행자는 하루 한 끼만 식사를 합니다. 한낮이 지나면 아무것도 먹을 수가 없습니다."

수행자는 다시 숲으로 향했다. 그때 수행자가 구해주었던 까마귀가 날아와 수행자에게 물었다.

"사냥꾼의 집에서 식사는 하셨습니까?"

"식사 준비가 늦어져서 한낮이 지나고 말았다."

"그랬군요. 그럼 조금만 기다리십시오. 곧 돌아오겠습니다."

까마귀는 그렇게 말하고 나서 곧장 그 나라의 왕궁으로 날아갔다. 까마귀는 왕비의 침실로 들어가 몰래 아름다운 보석 하나를 물었다. 그러고는 다시 숲으로 날아와 수행자에게 바치며 말했다.

"제 목숨을 구해주신 보답으로 당신에게 이 보석을 드리겠습니다."

그러나 수행자에게 보석 따위는 아무런 소용도 없었다. 그래서 수행자는 까마귀가 전해준 보석을 사냥꾼에게 주었다.

한편, 귀한 보석을 잃어버린 왕비는 즉각 이 사실을 왕에게 알렸다. 왕은 부인이 무척 슬퍼하는 것을 보고 모든 신하들에게 명했다.

"잃어버린 보석을 가져오는 사람에게는 커다란 상을 내리겠다."

이 소식을 들은 사냥꾼은 재물에 눈이 어두워 수행자를 찾아가 말했다.

"당신이 내게 건네준 보석은 이 나라 왕비의 것이오. 훔친 것이 분명하니 당신을 궁궐로 데려가야겠소."

사냥꾼은 튼튼한 밧줄로 수행자를 묶은 다음 궁궐로 데리고 갔다. 왕이 수행자에게 물었다.

"너는 어떻게 이 보배를 얻었느냐?"

수행자는 잠시 고민에 빠졌다. 까마귀가 가져다주었다고 말하면 나라 안에 있는 까마귀가 모두 죽게 될 것이고, 자신이 훔쳤다고 말하면 거짓말을 하게 되는 것이었다. 그리하여 수행자는 끝내 입을 열 수가 없었다.

수행자가 말을 하지 않자 신하들이 달려들어 매질을 가하기 시작했다. 몽둥이가 온몸을 두드리는 데도 수행자는 왕을 원망하지 않았고, 사냥꾼을 증오하지도 않았다.

화가 난 왕은 수행자를 끌어다가 땅에 묻고 머리만 밖으로 나오게 했다. 그런 다음 신하들에게 명령했다.

"내일까지 말하지 않으면 목을 베리라."

이제 수행자에게는 아무런 희망이 없었다. 그때 문득 어려운 일이 생기면 자신을 불러달라는 뱀의 말이 떠올랐다. 수행자는 마음속으로 뱀을 불렀다. 그러자 금세 뱀이 나타나 수행자에게 말했다.

"어찌하여 이 지경에 이르렀습니까?"

수행자는 그동안의 일을 낱낱이 설명했다. 수행자의 설명이 끝나자 뱀이 눈물을 흘리면서 말했다.

"걱정하지 마십시오. 왕에게는 외아들이 있는데 제가 궁궐에 들어가서 독니로 왕자를 물것입니다. 그때 이 약을 쓰십시오."

뱀은 약봉지 하나를 물어다 앞에 놓은 다음 즉시 궁궐로 향했다. 그날 밤, 태자는 뱀에 물려 정신을 잃고 말았다. 다급해진 왕이 급히 의원들에게 명했다.

"태자를 살리는 자가 있으면 나라를 나눠주리라."

그 소식은 곧 수행자에게 전해졌다. 수행자는 급히 관리를 불러 말했다

"내게 신비한 약이 있는데, 그 약으로 못 고치는 병이 없습니다."

관리는 즉시 왕에게 달려가 이 소식을 알렸다. 왕은 급히 수행자를 불러오게 하여 태자를 치료하도록 했다. 이윽고 수행자는 뱀이 건네준 약으로 태자를 치료했다.

왕이 기뻐하며 수행자에게 물었다.

"그대는 훌륭한 재주를 가진 수행자인데 무엇 때문에 보석을 훔쳤는가?"

그제야 수행자는 지금까지 있었던 모든 일들을 이야기

했다. 수행자의 말을 들은 왕이 사냥꾼을 불러 말했다.

"너는 커다란 공을 세웠으니 가족들을 모두 불러오라. 약속대로 내가 상을 주리라."

그러자 사냥꾼의 친척들이 벌떼같이 궁궐로 모여들었다. 사냥꾼의 친척들이 모두 모이자 왕이 말했다.

"은혜를 모르는 자는 가장 악한 자이다!"

그런 다음 왕은 사냥꾼의 친척들까지도 모두 처형해 버렸다.

• 출전 : 『육도집경』 권5 「인욕도무극장」 / 『육도집경』 권3 「불설사성경」 / 『경률이상』 권 11·26

보답을 기다리는 사랑은 사랑이 아니다. 보답을 기다리는 베풂도 베풂이 아니다. 그러나 은혜를 모르는 자 또한 베풂을 받을 자격이 없다.

악한 사람의 운명

어떤 곳에 가난한 부부가 있었다. 부부는 사내아이를 낳았으나 제대로 기를 수조차 없을 만큼 가난했다. 부모는 아이를 버리기로 작정하고 어둠을 틈타 길거리에 갖다버렸다.

어떤 노파가 길을 가다가 아이를 발견하고는 그 아이를 데려다 아들이 없는 어느 부잣집에 양자로 보냈다. 부자는 아이를 받고 수개월 동안 소중하게 길렀다.

그러던 어느 날, 부자의 아내가 마침내 임신을 하게 되었다. 그러자 부자는 양자로 들여온 아이가 점점 귀찮아지기 시작했다. 그는 사람을 시켜 아이를 누더기에 싼 다음 어떤 집의 헛간에 버리도록 했다.

이튿날 아침, 헛간 주인은 염소가 어린아이에게 젖을 물리고 있는 것을 보고 깜짝 놀랐다.

"이 아이가 어떻게 이곳에 있을까? 이 아이는 신이 내려주신 게 틀림없어."

그날 이후 헛간 주인은 염소젖으로 그 아이를 길렀다. 마침 아이를 버렸던 부자가 그것을 알아차리고는 양심의 가책을 느꼈다. 그는 다시 아이를 데려다가 길렀으나 아내가 두 번째 아들을 낳자 다시 데려온 아이를 길거리에 갖다버렸다.

다음날 아침, 상인들이 수백 대의 수레를 끌고 지나다가 버려진 아이를 발견했다. 한 상인이 아이를 안아 수레에 태웠다. 한참을 걸었을 때 어떤 노파가 상인에게 다가와 말했다.

"부디 그 아이를 제게 주십시오. 저는 홀몸입니다. 그러니 이 아이를 길러 서로 의지하면서 살겠습니다."

상인은 노파를 가엾게 여겨 아이를 주었다. 그날 이후 노파는 극진한 정성으로 아이를 키웠다. 그때 아이를 버렸던 부자가 그 소문을 듣고 양심의 가책을 느꼈다. 그는 다시 노파를 찾아가 아이를 돌려달라고 부탁했다.

부자는 지난날의 잘못을 뉘우치고 아이를 데려다가 정성껏 보살펴주었다. 아이는 자라나면서 점점 총명해졌다. 부자는 그 아이가 자신의 친자식보다 총명하자 또 나쁜 생각을 하게 되었다. 훗날 아이가 자라나 친자식들의 재산을 모두 빼앗을지 모른다는 생각이 들었던 것이다.

마침내 부자는 아이를 깊은 산 속으로 데리고 가서 밧줄로 아이를 꽁꽁 묶어놓았다. 그때 나무꾼 하나가 산에 왔다가 아이를 발견하고 집에 데려가 길렀다.

부자도 곧 이 사실을 알고는 다시 양심의 가책을 느꼈다. 그는 나무꾼을 찾아가 회한의 눈물을 흘리며 아이를 돌려줄 것을 요구했다. 아이를 집으로 데려온 부자는 아이에게 스승을 붙여주고 공부를 시켰다.

아이는 날로 총명해졌다. 아이의 똑똑함이 세상에 알려지자 부자는 다시 흉악한 마음을 품었다. 이윽고 그는 성 밖에 있는 대장장이의 손을 빌어 아이를 아예 없애버리기로 마음먹었다. 그는 대장장이에게 편지를 썼다.

'이 아이가 양자로 들어온 이후 집안에 병이 그치지 않고, 재산은 점점 줄어들었네. 점쟁이가 하는 말이 모두 이 아이 탓이라고 하더군. 그러니 아이가 이 편지를 가지고 가거든 불속에 집어던져 죽여주게나.'

부자는 편지를 밀봉한 다음 아이를 불러 말했다.

"이 편지 좀 대장간에 전해주거라."

아이는 편지를 들고 집을 나섰다. 마침 부자의 친아들은 성 밖에서 놀이를 하고 있었다. 아이가 문밖으로 나오자 친아들이 말했다.

"난 계속 놀이에서 지고 있어. 나 대신 이겨줘!"

"안 돼. 지금 심부름을 가는 중이거든."

"심부름은 내가 대신 다녀올게."

친아들은 얼른 편지를 빼앗아 대장간으로 달려갔다. 대장장이는 편지를 읽어보고는 부자의 친아들을 인정사정없이 불구덩이 속으로 던져 넣었다.

나중에 이 사실을 안 부자는 땅을 치며 통곡했지만

이미 엎질러진 물이었다. 결국 부자는 중한 병이 들어 몸져 누워버렸다. 그러나 분한 마음은 좀체 가시지 않았다. 그는 다시 계략을 꾸미기 시작했다.

아이는 이제 어엿한 청년으로 자라 있었다. 부자는 기회를 엿보고 있다가 양자를 불러 말했다.

"너도 알다시피 나는 많은 땅을 가지고 있다. 너는 가장 멀리 있는 나의 영지(領地)로 가서 관리인이 수확량을 속이지 않는지 살펴보고 오너라."

그러면서 부자는 관리인에게 보낼 편지 한 통을 주었다. 양자는 편지를 품에 넣고 길을 떠났다. 한참 동안 말을 달리다가 그는 어떤 마을에 이르렀다. 양자는 문득 그 마을에 살고 있는 아버지의 친구를 떠올리고 하룻밤 그 집에서 묵어가기로 했다. 아버지의 친구는 반갑게 손님을 맞아들이고 사람들을 불러 모아 성대한 잔치를 베풀어주었다.

사람들은 청년의 총명함과 유창한 말에 감탄을 연발했다. 잔치가 끝나자 양자는 너무 피곤한 나머지 그 자리에 곯아떨어지고 말았다. 마침 그 집의 딸이 청년의 모습을 훔쳐보고 있다가 품속에 있는 편지 한 장을 발견했다. 딸은 몰래 편지를 꺼내 읽어보고는 깜짝 놀랐다.

'이 청년이 오면 커다란 바위를 허리에 매단 후 깊은 늪에 던져버리게.'

딸은 그 편지를 찢어버리고, 다시 편지를 썼다.

'나는 너무 늙었네. 한 가지 부탁할 것이 있네. 친구 아무개의 딸이 무척 똑똑하다는 소문을 들었네. 그러니 내 아들이 도착하거든 그 친구의 딸과 혼인하도록 도와주게. 그런 다음 자네가 돌봐주고 있는 땅을 모두 내 아들에게 물려주게.'

딸은 감쪽같이 편지를 밀봉하여 청년의 품속에 넣었다. 다음날 아침, 서둘러 길을 떠난 그는 무사히 영지에 도착하여 아버지의 편지를 전했다. 관리인은 크게 기뻐하고 엄청난 예물을 준비하여 청년이 하룻밤 묵었던 친구의 집으로 찾아갔다. 편지에 적혀 있는 대로 친구 부부는 딸과 청년을 혼인시켰다.

얼마 후 이 사실이 부자에게 알려졌다. 그는 더욱 분통이 터져 점점 병이 깊어갔다. 그 소식을 들은 청년 부부는 집으로 가 극진히 간호했지만 그는 곧 세상을 떠나고 말았다.

• 출전 : 『육도집경』 권5 「인욕도무극장」

콩 심은 데 콩 나고 팥 심은 데 팥 난다. 좋은 씨앗을 뿌리면 좋은 열매가 열리고, 썩은 씨앗을 뿌리면 잡초만 무성해진다. 사람의 운명도 마찬가지이다. 악한 업을 쌓으면 금세 화가 몰려오고, 선한 업을 쌓으면 그 열매는 달다.

되로 주고 말로 받다

 어떤 마을에 큰 부자가 살았다. 그런데 부자가 죽자 어리석은 아들이 어머니를 부양하게 되었다. 세월이 흘러 아들이 나이가 들자 어머니는 인근의 부잣집 딸을 며느리로 맞았다.

 아들 부부는 한동안 어머니를 부양하며 행복하게 살았다. 하지만 아들 부부에게 자식들이 생기자 며느리는 시어머니가 점점 귀찮게 느껴지기 시작했다. 그리하여 며느리는 시어머니를 없애버리기로 작정하고 매일 남편과 시어머니 사이를 이간질했다.

 "저 할망구 때문에 못살겠어요. 없애버리든지 쫓아버리든지 하세요. 그렇지 않으면 난 집을 나가버릴 거예요."

 아들은 아내의 투정을 듣고 고민에 빠졌다. 그러나 날이 갈수록 아내의 이간질이 심해지자 아들도 점차 아내의 말을 믿게 되었다. 이윽고 그는 늙은 어머니를 버리고 사랑스런 아내와 행복하게 살기로 했다.

 아들 부부가 어머니를 없애버리기로 한 날, 마침 멀리서 장모가 찾아왔다. 아들 부부는 장모를 어머니의 방에 함께 재운 후 잠이 들기를 기다렸다.

마음의 준비를 끝낸 아내가 남편에게 말했다.

"할망구가 잠들었을 때 침대를 통째로 강에 던집시다. 그럼 악어 밥이 될 테니 다시는 돌아오지 못할 거예요."

아내는 그렇게 말한 다음 시어머니의 침대에 끈을 매어 표시를 해 두었다. 부부는 가족들이 모두 잠든 뒤 행동에 들어가기로 하고 짐짓 자는 척했다.

잠자리에 든 아들은 몹시 마음이 아팠다. 아무리 아내가 사랑스러워도 어머니를 버릴 수는 없는 노릇이었다. 오랜 고민 끝에 아들은 몰래 일어나 어머니의 침대에 묶여 있던 끈을 풀어 장모의 침대에 바꾸어 매었다. 그러고는 다시 방으로 돌아와 아내를 깨웠다.

"바로 지금이오. 어서 갖다버립시다."

두 사람은 몰래 어머니의 방으로 들어가 끈을 묶어두었던 침대를 끌어냈다. 그러고는 어둠을 틈 타 깊은 강물 속에 던져버렸다.

이튿날 아침, 잠에서 깨어난 며느리는 깜짝 놀랐다. 간밤에 내다버린 사람은 시어머니가 아니라 친정어머니였던 것이다. 그 사실을 알게 된 며느리는 더욱 독이 올랐다. 하지만 예전의 방법으로는 남편을 설득할 수 없음을 알고 짐짓 뉘우치는 척하며 남편에게 말했다.

"우리가 잘못 생각했어요. 이제부터는 어머님께 효도를 다하겠어요."

그날 이후 며느리는 지성껏 시어머니를 모셨다. 마을 사람들의 칭찬이 자자하자 남편은 더할 수 없이 기뻤다.

그러던 어느 날, 아내가 남편에게 말했다.

"제가 어머니를 봉양할 수 있는 날이 얼마 남지 않았어요. 만일 어머님께서 극락에 태어나서 천사들의 봉양을 받을 수 있다면 얼마나 좋겠습니까? 당신은 혹시 하늘에 태어날 수 있는 방법을 알고 있는지요?"

남편은 잠시 생각에 잠기더니 이렇게 말했다.

"수행자들은 불구덩이 속으로 들어가 스스로를 정화시킴으로써 천상에 태어난다고 들었소."

"그렇군요. 그럼 어머님도 그렇게 하시면 하늘에 태어날 수 있겠군요."

아내의 말을 철석같이 믿은 남편은 이번에도 아내의 말대로 하기로 했다. 우선 아들 부부는 화장터에 장작더미를 높게 쌓은 다음 친척들을 불러 잔치를 열었다. 그런 다음 자작더미에 불을 붙이고 노래를 부르며 하루 종일 놀았다.

이윽고 밤이 되자 손님들은 모두 집으로 돌아갔다. 손님들이 떠나자 부부는 잠들어 있는 어머니를 화장터의 장작더미 위에 올려놓았다. 그러나 부부가 잠시 불씨를 가지러 가기 위해 자리를 비운 사이, 어머니는 마침 잠에서 깨어났다.

어머니는 자신이 장작더미 위에 누워 있음을 알고 화들짝 놀랐다. 그녀는 얼른 다른 송장을 메어다 장작위에 올려놓은 다음 재빨리 화장터를 벗어났다. 부부는 사람이 바뀐 줄도 모르고 장작더미에 불을 질렀다.

화장터에서 도망친 어머니는 정신없이 뛰었다. 한참을 뛰다보니 날은 점점 어둡고 바람도 매서웠다. 마침 어머니는 동굴 하나를 발견하고 그곳에서 하룻밤을 쉬어가기로 했다.

얼마나 시간이 흘렀을까. 동굴 안에서 잠을 자고 있는데 가까운 곳에서 인기척이 들려왔다. 가만히 귀를 기울이니 한 무리의 도둑들이 훔친 보물을 펼쳐놓고 서로 나누고 있는 중이었다. 그 모습을 훔쳐보고 있던 어머니는 너무 긴장한 나머지 재채기를 하고 말았다.

깜짝 놀란 도둑들이 바라보니 동굴 안에 백발을 한 노인이 온 몸에 검정을 묻힌 채 쭈그리고 앉아 있었다. 도둑들은 그 모습을 보고 까무러치며 외쳤다.

"귀신이다!"

도둑들은 훔쳐온 물건들을 챙기지도 못한 채 혼비백산하여 도망쳤다. 도둑들이 사라지자 어머니는 그들이 남긴 보석을 싸들고 집으로 돌아왔다.

무사히 집으로 돌아온 어머니를 본 아들 부부 역시 두려움에 몸을 떨었다. 그러자 어머니는 가져온 보물들을 며느리 앞에 쏟아놓으며 말했다.

"저승에 갔더니 많은 보물을 주며 돌아가라고 하더구나. 하지만 나는 늙고 힘이 없어 다 가져오지는 못했다. 다음에 젊은 사람이 오면 더 많이 주겠다고 하더구나."

그 말을 들은 며느리는 기쁨을 감추지 못하면서 남편에게 말했다.

"늙으신 시어머님께서 힘이 약하여 많이 가져오지 못하셨으니 제가 가면 얼마든지 얻어올 수 있을 것입니다."

남편은 이번에도 아내의 말을 믿었다. 아내는 즉시 화장터로 달려가 불구덩이에 몸을 던지며 남편에게 말했다.

"곧 돌아오겠어요. 무거운 보물을 집까지 옮기려면 당신 힘이 필요할지 모르니 여기서 기다려주세요."

거세게 타오르던 불꽃이 며느리의 몸을 삼켰다. 얼마 후 남편은 새까맣게 타버린 몇 줌의 재와 아내의 뼈만 가지고 집으로 돌아왔다.

• 출전 : 『잡보장경』 권10 · 119/ 『본생경』 432

작은 잘못도 커다란 악업(惡業)으로 되돌아온다. 하물며 가족을 해치는 일은 어떻겠는가. 선을 행하면 반드시 보답을 받듯이, 악행 또한 반드시 대가를 치른다.

알면 다쳐

 지나간 발자국의 흔적을 귀신같이 알아맞히는 소년이 있었다. 왕이 그 소문을 듣고 소년을 궁궐로 불러 물었다.
 "너는 어떤 재주를 갖고 있는가?"
 "저는 보이지 않는 발자국도 볼 수 있습니다. 과거 12년 동안 도둑맞은 물건이 있으면 그 자취를 따라가 찾을 수 있을 정도지요."
 왕은 소년의 재주를 기특하게 여겨 하루에 천금씩 주며 곁에 머물도록 했다. 하지만 소년이 별반 하는 일도 없이 엄청난 대우를 받게 되자 궁궐 안에 시기하는 사람이 생겨났다. 궁궐의 사제도 그중 한 사람이었다.
 어느 날 사제가 왕을 찾아와 말했다.
 "세상에 그런 재주가 있다는 소리는 들어보지 못했습니다. 한번 시험해보십시오."
 왕도 사제의 말이 옳다고 여겼다. 그리하여 왕과 사제는 궁궐의 창고에서 귀중한 보물을 빼낸 다음, 궁성을 세 번 돈 뒤 사다리를 놓고 담을 넘어 재판소에 들렀다. 그리고 다시 연못가로 가서 그곳을 세 바퀴 돈 후 연못 속에 보물을 숨겼다.

왕이 소년을 불러 물었다.

"간밤에 창고에서 보물이 없어졌는데 누구의 소행인지 알겠는가?"

곰곰이 생각에 잠겨 있던 소년이 대답했다.

"도적은 두 사람입니다."

소년은 먼저 왕의 침실로 간 다음 다시 나와 궁성을 세 바퀴 돌았다. 이윽고 담 앞에 이르자 소년이 말했다.

"사다리를 빌려주십시오."

소년은 사다리를 타고 담을 넘어 재판소로 향했다. 그리고 다시 연못으로 가 그 주위를 세 바퀴 돈 뒤 연못 속에서 보물을 찾아냈다.

그 모습을 본 사람들은 모두 감탄해 마지않았다. 왕도 너무 신기한 나머지 소년에게 물었다.

"네가 발자국을 찾을 수 있지만, 도둑까지 잡을 수 있겠는가?"

소년이 대답했다.

"도둑은 이곳에 있습니다."

"그게 누구인가?"

왕이 다그치자 소년은 고개를 저으며 말했다.

"보물을 찾았는데 도둑은 잡아서 무엇 하시겠습니까?"

그러자 왕은 소년의 능력에 다시금 의심이 들기 시작했다.

"반드시 도둑을 잡고 싶다. 그러니 어서 말하라."

하지만 소년은 또다시 고개를 내저으며 말했다.

"다시 한 번 생각해보십시오."

"반드시 잡아야 한다."

"그럼 이 자리에서 도둑을 말해도 되겠습니까?"

"그렇다."

소년은 한동안 침묵하고 있다가 어렵게 말을 꺼냈다.

"도둑은 바로 이 자리에서 계신 왕과 사제입니다."

사람들은 그 말을 듣고 깜짝 놀랐다. 여기저기서 웅성거리는 소리가 들려왔다.

"나라의 재산을 몰래 감추어두고 엉뚱한 사람을 도둑으로 몰려하다니!"

그 자리에 있던 사람들은 왕과 사제를 노려보더니 이내 몽둥이를 들고 왕과 사제를 내쫓았다.

• 출전: 『본생경』 432

한 가지를 확인했으면 더 이상 의심하지 말라. 덧없는 의심은 자신의 허물만 드러낼 뿐이다.

보이지 않는 손

어떤 왕이 깊은 병이 들어 나라 안의 모든 의원들을 불러들였으나 아무도 치료하지 못했다. 그때 마침 변방의 조그마한 나라에 한 의사가 있었다. 그가 용하다는 소문을 들은 왕은 즉시 그를 불러와 자신의 병을 고치게 했다.

오래 지나지 않아 병이 차도를 보이자 왕은 의사의 은혜를 갚을 생각으로 의원의 고국에 여러 차례 사신을 보내 조칙을 내렸다.

"내 병을 고친 의사에게 후한 상을 내려라."

작은 나라의 왕은 상국(上國)의 명을 받들어 새 집과 밭과 온갖 재물을 베풀었다. 며칠이 지나자 왕의 병은 완전히 나았다. 의사가 하직인사를 올리고 본국으로 돌아가려 하자 왕은 여윈 말 한 마리를 주고 타고 가게 했다. 왕이 아무런 보답도 하지 않고 빈손으로 돌려보내자 그는 무척 서운한 생각이 들었다.

의사는 크게 한탄하며 말했다.

"왕의 병을 고친 대가가 겨우 이 여윈 말 한 마리뿐이란 말인가?"

그러나 집에 도착하자 예전의 집은 온데간데없고 으리으리한 집이 세워져 있었다. 의사가 사람들에게 물었다.

"저 집은 누구의 집이오?"

"아무개 의원의 집입니다."

사람들이 자신의 이름을 대자 의사는 깜짝 놀랐다. 그가 집안으로 들어서자 외양간에는 소와 양들이 가득 차 있었고, 마루에는 아름다운 가구와 금은보화들이 널려 있었다.

마침 아내가 웃음을 띠고 남편을 맞았다. 의사가 아내에게 물었다.

"도대체 이것들은 어디서 가져온 것이오?"

아내가 대답했다.

"장난치지 마세요. 당신이 왕의 병을 치료해준 덕에 왕께서 이런 선물을 보낸 것입니다."

의사는 아내의 말을 듣고 깊이 뉘우치며 말했다.

"왕의 진심을 모르고 내가 왕을 원망하였구나!"

• 출전 : 『대장엄론경』 권15·86/ 『잡비유경』 (도략 集) 16/ 『경률이상』 권44

대가를 주지 않는다고 원망하지 말라. 선한 일을 행했다면 대가는 반드시 돌아온다. 세상에는 눈에 보이지 않는 손이 있다.

까마귀와 요리사

 어떤 요리사가 부엌에 조롱을 걸어두었는데, 비둘기 한 마리가 찾아와 그곳에 둥지를 틀었다. 며칠 후 까마귀 한 마리가 요리사의 부엌에 찾아들었다. 사방을 살펴보던 까마귀는 눈이 휘둥그레졌다. 부엌 곳곳에 온갖 맛있는 먹이들이 가득 쌓여 있었기 때문이었다.
 까마귀는 그곳을 떠나고 싶지 않았다. 그는 비둘기와 함께 살기로 하고, 이튿날부터 비둘기를 졸졸 따라다녔다. 비둘기가 까마귀에게 말했다.
 "왜 나를 따라다니는 거지? 네 먹이는 내가 먹는 먹이와 다르잖아?"
 "네가 먹이를 찾을 때 함께 찾으면 좋잖아."
 그리하여 까마귀는 비둘기가 먹이를 찾는 동안 소똥을 파헤쳐 구더기를 쪼아 먹었다. 저녁이 되어 비둘기가 까마귀를 데리고 돌아오자 요리사는 반가이 맞으며 말했다.
 "친구를 데려왔구나."
 요리사는 까마귀를 위해 조롱 하나를 새로 달아주었다. 어느 날, 요리사의 부엌에 신선한 생선과 고기가 들어왔다. 그것을 보자 까마귀는 도저히 참을 수가 없었다. 까마귀는 밤새 한숨도 자지 못하고 침을 흘렸다.

아침이 되자 까마귀가 비둘기에게 말했다.

"배가 아파 죽겠어. 그러니 오늘은 너 혼자 나가서 먹이를 찾아."

비둘기는 까마귀의 말을 듣고 미심쩍은 생각이 들었지만, 혼자 나가 먹이를 구하기로 했다.

"좋아. 하지만 부엌에 있는 음식에 욕심내면 안 돼. 요리사 아저씨가 화를 내니까."

비둘기는 까마귀에게 충고한 후 혼자서 조롱을 빠져나갔다. 이윽고 혼자 남게 된 까마귀는 썰어놓은 고기 한 근을 훔치기 위해 몰래 조롱에서 나와 그릇 위에 앉았다. 순간, 쨍그랑하는 소리와 함께 그릇이 깨지고 말았다.

그 소리를 들은 요리사가 급히 부엌으로 달려왔다. 요리사는 까마귀가 고기를 훔치려는 것을 눈치 채고 재빨리 까마귀를 잡아 털을 모두 벗겨버렸다.

비둘기가 돌아와 보니 까마귀는 반쯤 죽은 채 신음하며 누워 있었다.

"쯧쯧, 은혜를 모르면 결국 죽음밖에 없어."

비둘기는 까마귀를 남겨두고 그곳을 떠났다. 까마귀는 조롱 안에 누워 신음하다가 결국 쓰레기통에 던져져 죽음을 맞았다.

• 출전 : 『본생경』 42 · 274 · 375

내가 얻은 것에 감사하라. 잠자리를 제공한 사람에게 밥을 구하고, 목숨을 살려준 사람에게 돈을 구하는 것은 은혜를 저버리는 것이다. 더구나 은혜를 입은 사람에게 해를 끼치는 것은 가장 지독한 배신행위이다.

볏짚 한 묶음으로 나라를 사다

 어떤 나라에 시장의 물건 값을 정하는 대신이 있었다. 어느 날, 왕이 그 대신을 불러 말했다.

 "왕궁에서 사들이는 물건의 값을 낮추어 매기시오. 그렇지 않으면 왕궁의 재산은 머지않아 탕진될 것이오."

 그러자 대신이 정색을 하고 대답했다.

 "백성들 사이에서 거래되는 물건값이 공정하지 않으면 문제가 생깁니다. 비록 폐하께서 구하는 물건이라도 물건값을 싸게 할 수는 없습니다."

 그 말을 들은 왕은 화를 내며 대신을 내쫓았다. 그런 다음 그의 후임으로 사기꾼 한 사람을 골라 대신의 자리에 앉혔다. 이후 사기꾼은 물건의 가치에 상관없이 마음대로 물건값을 매겼다. 그의 말 한마디면 시장에서의 물건값이 정해졌다.

 어느 날, 이웃나라에 사는 말 장수가 명마 500필을 몰고 와 시장에 내놓았다. 말에 욕심이 난 왕이 사기꾼을 불러 말했다.

 "내가 말 500필을 모두 사들이겠소. 그러니 값을 낮추어 매기시오."

이튿날, 사기꾼은 왕이 보는 앞에서 명마의 값을 터무니없이 낮게 매겼다.

"이 500마리 말의 값은 볏짚 한 묶음의 값이다!"

그러고 나서 그는 500마리 말을 모두 마구간에 몰아넣었다. 그러자 말 장수는 예전에 쫓겨났던 대신을 찾아와 억울한 사정을 하소연했다. 곰곰이 생각에 잠겨 있던 대신이 말 장수에게 말했다.

"너무 억울해하지 마시오. 명마 500필 값으로 이 나라를 다 갖는 방법이 있습니다."

"그게 무슨 말입니까?"

"내 말대로 해보시오."

그러면서 대신은 말 장수에게 꾀를 하나 일러 주었다.

말 장수는 대신이 일러준 대로 사기꾼을 만나 뇌물을 듬뿍 주었다. 그리고 이튿날이 되자 다시 궁궐로 들어가 왕을 알현했다.

"폐하, 이 나라에서는 명마 500필의 값이 볏짚 한 묶음의 값과 같습니다. 그렇다면 볏짚 한 묶음의 값은 도대체 얼마입니까?"

난감해진 왕은 사기꾼을 불러 물었다.

"볏짚 한 묶음의 값은 얼마요?"

곤란해진 사기꾼도 대충 얼버무렸다.

"볏짚 한 묶음의 값은 이 도성과 성 밖의 땅을 모두

매긴 값과 같습니다!"

사기꾼의 말에 말 장수는 펄쩍펄쩍 뛰며 좋아했다.

"그렇군요. 그럼 저는 볏짚 한 묶음으로 이 나라를 사겠습니다. 저에게 말 값을 주실 필요가 없습니다. 이제부터 저는 이 나라의 왕입니다."

순간 왕은 깜짝 놀라 손을 내저으며 말했다.

"아니다, 그게 아니다."

왕은 창피한 나머지 사기꾼을 내쫓고 다시 옛날 대신을 불러들였다.

• 출전 : 『본생경』 5

법은 만인 앞에 평등해야 한다. 자신의 이익을 위해 편법을 쓰는 사람은 결국 그 편법에 의해 대가를 치른다.

이유 있는 앙갚음

시골에 사는 상인과 도시에 사는 상인은 서로 친구였다. 어느 날 시골상인이 도시상인을 찾아가 500자루의 호미를 맡겼다. 도시상인은 친구 몰래 호미를 팔아 많은 돈을 벌었다. 그런 다음 호미를 두었던 곳에 쥐똥을 뿌려두었다.

얼마 후 시골 상인이 찾아와 말했다.

"지난번에 맡겨두었던 호미를 찾으러 왔네."

도시상인은 갑자기 정색을 하며 시골상인에게 말했다.

"이를 어쩌지? 창고에 사는 쥐들이 자네가 맡겨놓은 호미를 모두 먹어치웠네."

시골상인이 믿을 수가 없어서 되물었다.

"그럴 리가 있는가?"

"내 말을 믿지 못하겠다면 창고 안을 보여주지."

도시상인은 창고에 가득 널린 쥐똥을 보여주었다.

"자, 보게나. 호미를 먹어치운 쥐들의 흔적이네."

시골상인은 친구가 속이고 있다는 것을 알았지만 어떻게 해볼 도리가 없었다. 잠시 생각에 잠겨 있던 시골상인은 친구의 집을 나서다가 뜰에서 놀고 있는 친구의 아들을 보았다. 시골상인은 곧 도시상인의 아들을 꾀어 집으로 데려가 감추어두었다.

이튿날 시골상인이 다시 도시상인을 찾아갔다. 아들을 잃어버린 도시상인이 펄펄 뛰며 시골상인에게 대들었다.

"자네가 내 아들을 데려간 것을 알고 있네. 내 아들을 어디에 두었나?"

시골상인이 대답했다.

"자네 아이를 데리고 강가에 목욕을 하러 갔었네. 그런데 물에 들어갔다가 나오는 순간 매가 날아와 아이를 낚아채서 하늘로 날아갔네. 그러니 난들 어찌하겠나?"

시골상인의 변명을 들은 도시상인이 혀를 내두르며 말했다.

"거짓말하지 말게. 매가 어떻게 아이를 들고 날 수 있는가?"

"내 눈으로 보았다니까."

결국 두 사람은 서로 다투다가 재판정에 서게 되었다. 재판관이 자초지종을 들은 다음 두 사람에게 말했다.

"쥐가 호미를 먹었다면, 매가 아이를 채가는 일도 있을 수 있다. 그러니 서로 잃은 것을 돌려주도록 해라."

그리하여 시골상인은 호미를 되찾고 도시상인은 아들을 되찾았다.

• 출전 : 『본생경』 218

내가 하는 말에 모순이 있으면, 상대방도 모순이 있는 말로 나를 공격한다. 내가 속이면 그도 나를 속인다. 먼저 내 말이 바른 뒤에야 다른 사람의 공격을 피할 수 있는 것이다.

한 번은 속일 수 있지만

어떤 수행자가 계율을 어겨 교단에서 쫓겨났다. 그는 절에서 쫓겨난 후 길가에 앉아 슬피 울고 있다가 귀신을 만났다. 그 귀신 역시 죄를 저지르고 염라대왕에게 쫓겨난 신세였다. 먼저 귀신이 다가가 수행자에게 물었다.
"왜 우는가?"
"절에서 쫓겨났습니다."
"쯧쯧, 나와 같은 신세로군"
문득 귀신은 수행자의 처지에 동병상련의 아픔을 느꼈다. 그래서 귀신은 수행자에게 동업할 것을 제의했다.
"내가 너를 도와서 많은 사람들이 공양을 하도록 만들겠다."
"누가 저 같은 파계승에게 공양을 바치겠습니까?"
"걱정할 것 없다. 다만 너는 공양을 받을 때마다 나에게 반을 나누어주면 된다."
수행자가 그렇게 하겠다고 대답하자 귀신이 말했다.
"내 왼쪽 어깨에 올라타라. 사람들의 눈에는 너만 보이고, 나는 보이지 않을 것이다. 그러니 내가 너를 태우고 하늘로 올라가면 마치 네가 하늘을 날아다니는 것처럼 보일 것이다."

귀신은 수행자를 태우고 그가 쫓겨난 마을로 향했다. 수행자가 하늘을 날아다니자 마을 사람들이 모두 놀라 그가 도를 얻었다고 생각했다.

"정말 대단한 스님이야. 아무것도 모르는 땡추들이 저런 훌륭한 스님을 내쫓다니!"

마을 사람들은 곧 절에 몰려가 스님들을 꾸짖었다. 그런 다음 쫓겨난 수행자를 맞아 절 안으로 모셨다. 그리하여 그는 마을 사람들로부터 많은 공양을 얻었다. 그는 약속대로 자신이 받은 공양의 절반을 귀신에게 나누어 주었다.

어느 날, 귀신은 다시 수행자를 태우고 하늘을 날았다. 한참 하늘을 날고 있을 때, 귀신은 멀리서 염라대왕이 오는 것을 보았다. 다급해진 귀신은 수행자를 버리고 급히 달아났다. 결국 수행자는 하늘에서 떨어져 죽고 말았다.

• 출전 : 『잡비유경』 (도락 集) 5

한 번은 속일 수 있다. 그러나 영원히 진실을 가릴 수는 없다.

공짜는 한 번이면 족하다

 어느 나라에 향기롭고 맛있는 나무열매를 좋아하는 태자가 있었다. 그는 정원에 많은 과실수를 심고, 정원사로 하여금 날마다 향기로운 과일을 따서 식탁에 올리도록 했다.
 태자의 정원에는 크고 우람한 한 그루의 나무가 있었다. 그 나무 위에 새가 날아들어 그곳에 집을 지었다. 새는 곧 알을 낳고, 알에서 깨어난 새끼들을 열심히 길렀다.
 그러던 어느 날이었다. 어미 새가 맛있는 나무열매 하나를 물어와 새끼들에게 주었다. 그런데 새끼들이 열매를 먹기 위해 서로 다투다가 그만 나무 밑으로 떨어뜨리고 말았다.
 이튿날, 정원사가 나무 밑을 지나다가 향기로운 열매 하나가 떨어져 있는 것을 발견했다. 그는 곧 열매를 주워 왕에게 바쳤다. 왕이 살펴보니 지금까지 한 번도 먹어본 적이 없는 진귀한 열매였다.
 왕은 이 열매를 소중히 간직해두었다가 사랑하는 태자에게 주었다. 태자가 그 열매를 먹어보니 이루 형용할 수 없이 향기롭고 맛이 있었다.

태자가 왕에게 말했다.

"정말 귀한 열매입니다. 매일 한 개씩 먹을 수 있다면 얼마나 좋겠습니까?"

그 말을 들은 왕은 정원사를 불러 명했다.

"너는 앞으로 이 바친 열매를 매일 하나씩 따오도록 해라."

왕의 명령을 받은 정원사는 난감해지고 말았다. 그 열매가 어떤 나무에서 열리는 것인지 알 수 없었기 때문이었다. 정원사가 고개를 조아리며 말했다.

"왕이시여, 궁궐의 정원에 그런 열매를 맺는 나무는 없습니다. 단지 저는 정원의 큰 나무 아래서 그 열매를 주웠을 뿐입니다. 그러니 어떻게 구할지 알 수가 없습니다."

그러나 어린 태자는 그 열매만 달라고 보챌 뿐, 다른 음식에는 전혀 손을 대지 않았다. 태자의 앞날을 걱정한 왕은 정원사를 더욱 재촉했다.

"열매가 있다면 반드시 그것을 맺는 나무도 있을 것이다. 반드시 찾아내도록 하라."

왕의 명을 거역할 수 없었던 정원사는 날마다 큰 나무 아래에 주저앉아 무성한 나뭇가지만 올려다보았다. 그때 문득 새 둥지 하나가 눈에 띄었다. 그제야 정원사는 어미 새가 먼 곳에서 열매를 물어왔다는 사실을 알아차렸다. 그는 굵은 나뭇가지에 몸을 숨기고, 어미 새가 열매를 물고 돌아오기를 기다렸다.

마침 해가 저물자 어미 새는 다시 열매 하나를 물고 둥지로 돌아왔다. 나뭇가지에 숨어 있던 정원사는 어미 새가 둥지에 내려놓은 열매를 훔쳐 왕에게 바쳤다.

왕은 매우 흡족해하며 정원사를 칭찬했다. 정원사는 이튿날부터 매일 나뭇가지에 몸을 숨기고 어미 새가 물어오는 열매를 빼앗아 태자의 식탁에 올렸다.

그렇게 여러 날이 지나가 어미 새는 자신이 물어온 먹이를 누군가 훔쳐 가는 것을 눈치 챘다. 화가 난 어미 새는 이튿날이 되자 무서운 독이 들어 있는 나무열매를 물어다 둥지에 놓았다. 숨어 있던 정원사가 재빨리 열매를 낚아채 태자의 식탁에 올렸다.

그 열매를 먹은 태자는 곧 몸이 짓물러 죽고 말았다. 그러자 왕은 정원사의 죄를 물어 처형하고 말았다.

• 출전 : 『대지도론』 권17·28

나쁜 습관이 자신을 좀먹는다. 남이 수고한 것을 공짜로 가로채는 것이야말로 자신을 좀먹는 독이다. 공짜는 한 번이면 족하다. 만일 공짜로 얻은 것이 있다면 다만 감사할 따름이요, 감나무 아래 입을 벌리고 눕는 어리석음을 범하지 말라.

장님 코끼리 만지기

백 근의 살점과 한 개의 머리 | 뱃전에 잃어버린 곳을 표시하다 | 거울 속의 주인 | 귀한 것과 천한 것 | 침 뱉아 뭉개기 | 형제의 유산 나누기 | 진짜 지켜야 할 것 | 반 조각의 떡 | 거북을 죽이는 법 | 빗나간 예측 | 일단 시도는 해보았으니 | 충실한 하인 | 장님 코끼리 만지기 | 부러워할 게 따로 있지 | 세 가지 어리석음 | 코를 베어 코에 붙이다 | 과녁이 있는 곳으로 가라 | 떠먹여 줘야만 아는가

백 근의 살점과 한 개의 머리

어느 나라에 성품이 거칠고 무자비한 왕이 있었다.

어느 날, 한 사람의 죄인이 왕 앞으로 끌려와 형벌을 당하였다. 왕은 죄인의 죄를 신문한 다음 몹시 화를 내며 신하들에게 말했다.

"이 죄인의 등골뼈에 있는 살 다섯 근을 베어내라."

그런 다음 왕은 그 죄인을 감옥에 집어넣도록 했다. 살점을 떼어낸 죄수는 감옥에 있으면서 몹시 고통스러워했다. 이윽고 그의 비명 소리가 궁궐에 메아리치자 왕은 견딜 수가 없었다. 왕은 죄인을 다시 불러내어 말했다.

"네가 고통스러운 것은 죄를 지었기 때문이다. 왜 죄를 지었는가?"

죄수가 대답하였다.

"정말로 제가 저지른 일이 아닙니다."

왕은 그를 다시 신문했다. 신문이 계속되자 마침내 잡혀온 죄수가 결백하다는 사실이 밝혀졌다. 왕은 엉뚱한 사람에게 형벌을 가한 것이 부끄러웠다. 그리하여 왕은 신하들에게 다시 명령했다.

"다섯 근의 살을 베어낸 것은 나의 잘못이다. 저 사람에게는 죄가 없으니 떼어낸 살의 스무 배인 백 근의 살을 도로 붙여주어라."

왕의 명령을 받은 신하들은 다른 죄수에게서 발라낸 백 근의 살을 가져와 죄수의 몸에 억지로 붙여주었다. 죄수가 계속 비명을 지르자 왕이 물었다.

"내가 베어낸 살점은 다섯 근뿐이었다. 지금 내가 백 근의 살점을 붙여주었는데 아직까지 고통스러워하는 것은 무슨 까닭인가?"

그러자 죄수가 눈물을 흘리며 대답했다.

"천근의 살점을 되돌려준다 한들 제게 무슨 이익이 있겠습니까? 하나뿐인 아들의 머리를 잘라놓고, 그 아버지에게 백 명의 다른 아이 머리를 대신 준다 한들 무슨 위로가 되겠습니까?"

• 출전 : 『경률이상』 권44/ 『백유경』 20

땅에 엎지른 물은 다시 주워 담을 수 없다. 병 주고 약 준다는 말이 있다. 좋은 약을 써서 상처를 아물게 할 수는 있지만, 가슴에 새겨진 마음의 상처는 치유되지 않는다. 상처를 치유할 수 있는 것은 백 근의 살점이 아니라 그의 억울함을 풀어주는 것이다. 내가 상처를 주었던 사람들을 되돌아보라. 진정으로 그의 상처를 치료해줄 수 있는 것은 좋은 약이 아니라 그의 마음을 보듬는 것이다.

뱃전에 잃어버린 곳을 표시하다

 은으로 만든 귀한 그릇을 가진 사람이 있었다. 어느 날, 그는 배를 타고 강을 건너다가 그만 은그릇을 강물에 빠뜨리고 말았다. 그는 아차 싶어 뱃전으로 달려가 강물 속을 들여다보았지만 이미 은그릇은 물속으로 가라앉은 뒤였다.

 그는 억울한 생각을 지울 수가 없어 다시 은그릇을 찾아낼 수 있는 방법을 궁리했다. 잠시 생각에 잠겨 있던 그에게 한 가지 꾀가 떠올랐다.

 "그렇지. 내가 왜 그 생각을 못 했을까?"

 그는 칼을 꺼내 뱃전에다 은그릇을 빠뜨렸던 곳을 표시했다. 그런 다음 배가 잠겨 있는 깊이를 표시했다.

 "이렇게 해놓으면 나중에 와서 찾을 수 있을 거야."

 그 후 두 달쯤 지나 그는 이웃나라로 향하게 되었다. 하루는 배를 타고 강을 건너게 되었는데 그곳에 있는 강물이 예전에 표시해놓았던 물의 깊이와 비슷해 보였다. 그러자 그는 훌렁훌렁 옷을 벗은 다음 재빨리 강물 속으로 뛰어들었다. 그가 강물에 뛰어들어 강바닥을 뒤지기 시작하자 배에 타고 있던 사람들이 이상히 여겨 물었다.

"무엇을 찾으시오?"

"은그릇을 찾고 있습니다."

"어디서 잃었는데요?"

"예전에 배를 탔다가 강물에 떨어뜨렸습니다."

"그게 언제 일인데요?"

"두 달 전의 일입니다."

"이곳에서 잃어버렸소?"

"아니오. 하지만 물의 깊이를 보니 옛날 은그릇을 빠뜨렸던 곳과 비슷하군요. 그때 뱃전에다 잃어버린 곳을 표시해두었으니까 분명 이 강물 속에 있을 겁니다."

- 출전: 『백유경』 19
- 『여씨춘추(呂氏春秋)』 「찰금(察今)」 편에 각주구검(刻舟求劍)이라는 말이 있다. 전국시대 때 초(楚)나라의 어떤 사람이 양자강을 건너기 위해 배를 탔다가 그만 손에 들고 있던 칼을 강물에 떨어뜨리고 말았다. 그러자 그는 단검을 빼들고 칼을 떨어뜨린 그 뱃전에다 표시를 하였다. 이윽고 배가 건너편 나루터에 닿자 그는 곧 옷을 벗어던지고 표시를 해두었던 뱃전 밑 강물 속으로 뛰어들었다는 고사이다.

물은 흘러간다. 따라서 우리는 똑같은 물에 두 번 발을 담글 수 없다. 아쉽지만, 흘러가는 것은 흘러가는 대로 내버려두어야 한다. 그러나 만일 자신이 잃어버린 것을 찾고자 한다면, 잃어버린 곳에서 찾아라. '나'를 잃어버린 곳은 어디인가?

거울 속의 주인

옛날 어떤 마을에 몹시 가난한 사람이 살았다. 그는 먹고살기 위해 여러 사람들에게 빚을 졌지만 갚을 능력이 없었다. 그는 살아갈 길을 이리저리 궁리하다가 마침내 도망치는 것이 상책이라는 결론에 도달했다.

어느 날 밤, 그는 몰래 집을 빠져나와 다른 마을로 도망치기 시작했다. 누가 쫓아올까 싶어 정신없이 도망치고 있는데, 문득 발에 걸리는 물건이 있었다. 그는 걸음을 멈추고 발밑을 내려다보았다. 순간 그는 깜짝 놀라고 말았다.

자신의 발에 걸린 것은 화려하고 아름다운 보석상자였다. 그는 숨을 죽이고 가만히 상자를 열어보았다. 그랬더니 상자 안에는 값비싼 보물들이 가득 들어 있었다. 그는 두 주먹을 쥐고 하늘에 감사를 올렸다.

"쥐구멍에도 볕들 날이 있다더니 바로 이런 일을 두고 하는 말이었구나. 하늘이시여, 감사합니다."

그는 보물상자를 들어올리려다 뚜껑에 거울이 달려 있는 것을 보았다. 가만히 거울을 들여다보니 어떤 사내가 몹시 즐거운 표정으로 자신을 바라보고 있었다. 순간 그는 거울 속의 사내를 향해 고개를 숙이며 말했다.

"죄송합니다. 저는 이 상자의 임자가 없는 줄 알았습니다. 너무 화내지 마십시오."

사내는 보물상자를 조용히 내려놓더니 다시 길을 떠났다.

• 출전 : 『백유경』 35

도둑이 제 발 저리는 법이다. 돌려주겠다는 마음을 먹으면 그 주인이 어디에 있든 상관없다. 하지만 훔치기로 마음먹으면 거저 얻은 행운조차 불안해지는 법이다.

귀한 것과 천한 것

 어떤 상인이 낙타 등에 많은 물건을 싣고 장사를 하러 떠났다. 이후 상인은 여러 지역을 돌아다니며 물건을 사고팔았다.

 그러던 어느 날, 물건을 싣고 다니던 낙타가 갑자기 병이 들어 죽고 말았다. 낙타 등에는 많은 보물과 곱고 부드러운 비단이 가득 실려 있었다. 낙타가 죽자 상인은 그 가죽을 벗긴 뒤 두 사람의 하인에게 말했다.

 "나중에 팔 것이니 이 낙타가죽을 잘 간수하여 비에 젖거나 썩게 하지 말라."

 상인의 말대로 하인들은 낙타가죽을 잘 간수했다. 그런데 한참 길을 가다가 상인 일행은 소나기를 만났다. 하인 한 사람이 동료에게 말했다.

 "이런, 비가 오는군. 낙타가죽이 젖으면 주인한테 혼날 거야. 젖지 않도록 빨리 덮어야 해."

 하인들은 가죽이 비에 젖지 않도록 하기 위해 부드러운 비단으로 그것을 덮었다. 다행히 낙타가죽은 비에 젖지 않았지만 그것을 덮었던 비단은 얼마 안 되어 모두 썩고 말았다.

시장에 이르러 상인은 비단을 팔기 위해 하인들을 불러 말했다.

"비단들을 모두 꺼내놓거라."

두 사람의 하인이 낙타가죽을 덮었던 비단을 꺼내왔다. 하지만 이미 비단은 모두 썩고 곰팡이가 피어 있어서 사람들에게 팔 수 없었다. 상인이 비단을 살펴보고는 하인들에게 물었다.

"이게 어찌된 일이냐?"

하인들이 대답했다.

"낙타가죽을 젖지 않게 하려고 비단으로 덮어두었는데 그만 비에 젖고 말았습니다."

그 말을 들은 상인은 가슴을 치며 말했다.

"아, 참으로 어리석은 놈들이구나. 어찌 값싼 낙타가죽을 지키려고 비싼 비단을 이 지경으로 만들었단 말이냐!"

• 출전 : 『백유경』 23 · 42

안에 있어야 할 것과 바깥에 있어야 할 것을 구분하라. 아름답고 화려한 포장은 사람들의 시선을 끌지만, 곧 뜯겨 버려지고 만다. 버려야 할 것에 투자하는 것은 어리석다. 내면에 투자하라. 안이 아름다우면, 밖은 저절로 빛을 발한다.

침 밟아 뭉개기

 어떤 마을에 많은 재산을 가진 부자가 있었다. 그의 주위에 있는 모든 사람들은 부자의 환심을 사기 위해 온갖 아첨을 일삼았다. 더구나 그를 모시고 있는 하인들은 주인에게 잘 보이기 위해 비굴한 행동까지 서슴지 않았다.
 어느 날, 부자가 마당에 나왔다가 땅바닥에 가래침을 뱉었다. 그때 재빠른 하인 한 사람이 주인의 침이 떨어진 곳을 발로 밟아 문질러버렸다
 하인 중에 몹시 미련한 사내가 있었다. 미련한 사내는 다른 하인에게 선수를 빼앗기자 한숨을 쏟아내며 중얼거렸다.
 "나보다 재빠른 놈도 있구나. 그렇다면 나는 주인이 침을 뱉으려 할 때 먼저 이를 알아채고 밟아버리리라."
 이윽고 주인이 다시 가래침을 뱉으려 했다. 그러자 미련한 하인은 곧 다리를 들어 주인의 입을 밟아버렸다. 주인의 입술이 터지고 이가 부러졌다.
 부자는 입술에서 흘러내리는 핏물을 닦아내며 미련한 하인에게 소리쳤다.

"이놈! 이게 무슨 짓이냐!"

미련한 하인이 대답했다.

"주인님이 침을 뱉으면 아첨하는 자들이 달려와 재빨리 침을 밟아버립니다. 그런데 저는 미련하고 둔하여 한 번도 주인님의 침을 밟아본 적이 없습니다. 그래서 침이 막 나오려 할 때 미리 다리를 들고 있다가 침을 밟아버린 것입니다."

• 출전 : 『잡비유경』 (도략 集) 14/ 『백유경』 57

권세 있는 자에게 아첨꾼이 몰린다. 일단 아첨에 익숙해지고 나면, 올곧은 사람은 눈에 들어오지 않는다. 아첨꾼을 멀리하라. 아첨은 나를 기분 좋게 하지만, 아첨꾼은 결국 나를 망가뜨린다.

형제의 유산 나누기

어떤 부자가 병이 들어 죽을 날만 기다리고 있었다. 그는 살아갈 날이 머지않았음을 깨닫고 두 아들을 불러 당부했다.

"내가 죽으면 남아 있는 재산을 사이좋게 잘 나누어 가지거라."

아버지는 유언을 남긴 후 세상을 떠났다. 아버지가 죽자 두 아들은 유언에 따라 남은 재산을 두 몫으로 나누기로 했다. 막상 재산을 나누려고 하니 문제가 한두 가지가 아니었다. 더구나 맏아들은 자신이 더 좋은 것을 가져야 한다고 요구했다.

"나는 네 형이야. 너보다 일도 많이 했고, 아버지를 모시고 장사를 한 적도 많았다. 그러니 내가 좋은 것을 갖는 것이 당연해."

하지만 아우도 물러서지 않았다.

"아버지는 돌아가시면서 우리 둘이서 똑같이 나누어 가지라고 하셨어요."

그때 어떤 노인이 형제의 싸움을 지켜보고 있다가 이렇게 말했다.

"싸우지 말게. 뭐든지 둘이서 똑같이 나누면 되지 않는가?"

그러자 아우가 노인에게 말했다.

"똑같이 나눌 수가 없어요. 형은 좋은 침대는 자기가 갖고 나한테는 나쁜 침대를 주려고 해요."

아우의 불만을 듣고 있던 노인이 말했다.

"자, 물건을 공평하게 나누는 법을 가르쳐주지. 지금부터 집안에 있는 모든 물건을 반으로 자르거라."

"반으로 자르라고요?"

"그래. 옷은 반을 찢고, 밥상이나 병도 반으로 자르고, 좋은 침대와 나쁜 침대도 각각 반으로 자르고, 항아리도 깨서 두 몫으로 나누고, 동전도 모두 반으로 자르거라."

그 말을 듣고 있던 아우가 손뼉을 치며 말했다.

"맞아요. 그렇게 하면 공평하게 나눌 수 있겠군요."

그리하여 형제는 모든 재산을 반으로 잘랐다. 가구는 정확히 반으로 잘랐고, 동전들도 모두 반 쪼가리로 만들었다. 결국 두 사람이 가진 재물은 쓸모없게 돼버렸다.

• 출전 : 『백유경』 58

나눈다는 것은 내가 반을 가져오는 것이 아니라, 반을 타인에게 주는 것이다. 가져오려는 마음이 앞서면 공평하게 나눈다는 것은 의미를 잃는다. 먼저 남에게 반을 주려는 마음을 가질 때, 비로소 공평한 나눔이 실현된다.

진짜 지켜야 할 것

 어떤 부자가 아주 미련한 하인 하나를 거느리고 있었다. 어느 날, 주인은 일을 보기 위해 잠시 집을 비우게 되었다. 그런데 막상 집을 비우려고 보니 미련한 하인이 걱정되었다. 주인은 하인을 불러놓고 단단히 타일렀다.
 "내가 돌아올 동안 이 대문을 잘 지키고 있거라. 특히 당나귀를 잘 살피거라."
 주인이 집을 떠난 뒤 하인은 온종일 대문 앞에 앉아 주위를 감시했다. 그때 이웃집에서 흥겨운 풍악소리가 들려왔다. 가만히 귀를 기울이니 이웃집에 잔치가 있어 광대들이 한판 놀이를 벌이고 있는 중이었다.
 하인은 이웃집에 가서 놀이판을 구경하고 싶었지만 꾹 참았다. 가만히 앉아 있자니 점점 좀이 쑤시기 시작했지만 주인의 명령 때문에 함부로 자리를 비울 수가 없었다. 그는 곰곰이 생각에 잠겨 있다가 무릎을 치며 일어섰다.
 "옳지! 그렇게 하면 되겠구나!"
 하인은 창고로 들어가 커다란 밧줄을 꺼내왔다. 그런 다음 대문을 떼어 당나귀의 등에 싣고 밧줄로 단단히 동여맸다.

"이렇게 하면 문제가 없겠군."

하인은 대문을 실은 나귀를 끌고 이웃집에 가서 놀이를 즐겼다. 그가 자리를 비운 사이 도둑이 들어와 집안의 재물을 모두 훔쳐가버렸다.

밤늦게 돌아온 주인은 집안이 쑥대밭이 되어버린 것을 알고 정신이 나갔다. 화가 치민 주인은 하인을 불러 꾸짖었다.

"내가 대문과 당나귀를 잘 살피라고 말했는데, 어찌 도둑이 들었느냐?"

하인이 고개를 갸우뚱거리며 대답했다.

"대문과 당나귀는 무사합니다. 제가 줄곧 지키고 있었는걸요."

"대문을 지켰는데 왜 도둑을 맞았느냐?"

하인은 대문을 메고 있는 당나귀를 보여주며 말했다.

"여기 무사히 있지 않습니까?"

그 모습을 본 주인은 가슴을 치며 한탄했다.

"너에게 대문을 지키라고 한 것은 바로 집안의 재물을 지키기 위해서였는데, 이제 그 문짝을 어디에 쓸 것인가!"

• 출전 : 『백유경』 45

정작 지켜야 할 것은 대문 안에 있다. 대문은 소중한 것을 가려놓기 위한 하나의 가리개일 뿐이다. 가리개에 눈이 팔리면 그 안의 소중한 것을 잃게 된다.

반 조각의 떡

어떤 사람이 길을 가는데 몹시 배가 고팠다. 그는 먹을 것을 구하기 위해 저잣거리로 들어갔다. 마침 떡집이 눈에 띄자 그는 안으로 들어가 떡 일곱 개를 주문했다.

주문한 떡이 나오자 그는 허겁지겁 먹기 시작했다. 그런데 여섯 개 반을 먹자 벌써 배가 불렀다. 그는 제 손으로 자신의 배를 때리면서 후회했다.

"내가 지금 배가 부른 것은 일곱 번째 떡의 반 조각을 먹었기 때문이다. 아깝구나! 진작 알았더라면 앞의 여섯 개는 먹지 않았을 텐데."

• 출전 : 『백유경』 44

만족이란 항상 뒤에 얻어지는 것이다. 그런데도 사람들은 마지막에 얻어지는 단 열매만 갖고 싶어 한다. 하지만 공짜로 얻어지는 만족은 없다. 행복의 단 열매는 조금씩 선행을 쌓아갈 때 비로소 얻어지는 것이다.

거북을 죽이는 법

 어떤 나라의 왕에게 왕자 하나와 공주 하나가 있었다. 왕은 왕자와 공주를 매우 사랑하여 궁궐 안에 두 아이가 놀 수 있는 커다란 연못을 만들어주었다.

 연못이 완성되자 왕자와 공주는 신이 나서 연못 속으로 뛰어들어 멱을 감았다. 그때 한쪽 눈이 멀어버린 거북 한 마리가 길을 잘못 들어 연못 안에 들어와 있었다. 눈먼 거북이 물속에서 놀고 있다가 문득 두 아이의 몸에 닿게 되었다. 두 아이는 화들짝 놀라 연못에서 뛰쳐나왔다.

 그 모습을 보고 있던 왕이 두 아이에게 물었다.

 "왜 놀라느냐? 연못 속에 무엇이 있는가?"

 "연못 속에 괴물이 있는 게 틀림없어요."

 왕은 화가 나서 신하들에게 소리쳤다.

 "연못에 그물을 쳐서 괴물을 잡아내라!"

 신하들이 연못에 그물을 치자 거북 한 마리가 걸려 올라왔다. 왕은 거북을 바라보다가 신하들에게 말했다.

 "이놈은 등이 딱딱하고, 목이 껍질 속에 들어가 있으니 죽이기가 쉽지 않겠구나. 어떻게 죽이면 좋겠는가?"

곁에 있던 여러 신하들이 고개를 조아리며 대답했다.

"머리를 꺼내어 베어버리십시오."

"불에 태워 죽이십시오."

그 말을 듣고 있던 왕이 화를 내며 소리쳤다.

"이놈은 왕자와 공주를 해치려 한 놈이다. 그 정도로는 분이 풀리지 않을 것이다."

그때 한 신하가 말했다.

"그렇게 죽이는 것은 아무런 고통도 주지 못할 것입니다. 험한 파도 속에 내던져 숨이 막혀 죽도로 하는 것이 좋겠습니다."

거북이 신하들의 말을 듣고 있다가 두려워하는 척하며 소리쳤다.

"안 됩니다. 제발 그것만은……."

거북이 벌벌 떠는 것을 본 왕은 입가에 흐뭇한 미소를 지으며 신하들에게 명했다.

"이놈을 험한 바다 속에 집어넣어 오랫동안 고통을 느끼며 죽도록 하라!"

왕의 명령에 따라 신하들은 거북을 바다에 던져버렸다. 거북이 파도에 휩쓸려 사라지자 신하들은 고개를 주억거리며 말했다.

"흔적도 없이 죽어버리는군."

• 출전 : 『육도집경』 권5 「인욕도무극장」 / 『백유경』 98

한 가지 편견에 사로잡히지 마라. 죽는다고 여기는 길이 다른 이에게는 살아나는 길이 될 수도 있다. 반대로, 남들은 다 죽는 길이라 여겨도 나에게는 살아나는 길일 수도 있다.

빗나간 예측

옛날 어떤 부자가 들을 지나다가 보리 싹이 무성하게 자라는 것을 보고 밭 주인에게 물었다.

"어떻게 보리를 이렇게 잘 키웠습니까?"

"땅을 부드럽게 잘 고른 다음 충분한 거름을 줍니다. 그리고 나서 씨앗을 뿌리면 좋은 싹이 납니다."

그 말을 들은 부자는 집으로 돌아와 자신의 땅을 일구고 거름을 준 다음 씨앗을 뿌리려 했다. 그런데 곰곰이 생각하니 애써 일군 땅을 자신의 발로 밟는 것이 너무 아까웠다. 발로 땅을 밟아 흙이 딱딱해지면 자칫 싹이 나오지 않을지도 모른다는 생각이 들었던 것이다.

그리하여 그는 한 가지 꾀를 생각해내고 곧 네 사람의 하인을 불러 말했다.

"가마를 메거라. 나는 가마를 타고 씨앗을 뿌릴 것이다."

그는 하인 네 사람을 시켜 가마의 다리 하나씩을 들게 하고, 자신은 그 안에 앉아 씨를 뿌렸다. 그러나 하인 네 사람이 땅을 밟자 흙은 더욱 단단해지고 말았다.

• 출전 : 『백유경』 82

꿩은 사냥꾼에게 쫓길 때 덤불 속으로 머리만 처박는다. 머리만 숨기면 사냥꾼이 찾지 못할 것이라고 여기기 때문이다. 하지만 내 눈을 가린다고 해서 다른 사람들의 눈이 모두 가려지는 것이 아니다. 어리석은 부자는 자신의 발 두 개를 감추려다 결국은 여덟 개로 늘리고 말았다. 내가 두 발을 감추면 누군가가 내 발을 대신해야 한다. 손바닥으로 하늘을 가리려 하지 마라. 가려지는 것은 그대의 두 눈뿐이다.

일단 시도는 해보았으니

옛날 어떤 나라에 어리석은 농부가 살고 있었다. 어느 날 그는 도성 안에 들어갔다가 그 나라 공주의 얼굴을 보았다. 아름다운 공주의 얼굴을 본 농부는 한눈에 반해버렸다. 하지만 그는 농부의 신분이었기 때문에 감히 공주 앞에 나설 수가 없었다.

그날 이후 농부는 밤낮으로 공주를 생각하며 가슴을 앓았다. 하지만 그의 가슴앓이를 해결할 수 있는 방법은 아무것도 없었다. 결국 그는 상사병에 걸려 자리에 눕고 말았다. 그는 아무것도 먹을 수 없었고, 물 한 모금조차 마실 수 없었다.

이를 지켜보고 있던 친척들은 그 이유를 알 수 없어 걱정이 태산 같았다. 보다 못 한 친척들이 농부에게 물었다.

"왜 이 지경에까지 이르렀는가?"

농부가 대답했다.

"지난번 도성 안에 갔다가 아름다운 처녀를 보았습니다. 그래서 사람들에게 물어보았더니 바로 이 나라의 공주였습니다. 공주를 보고 나는 한눈에 반해버렸습니다.

하지만 농사꾼 주제에 가까이 다가갈 수도 없으니 이렇게 병이 되어버린 것입니다. 비록 신분은 다르지만 내가 뜻을 이루지 못하면 틀림없이 죽고 말 것입니다."

친척들은 고민에 빠졌다. 그렇다고 이대로 내버려두었다가는 목숨을 잃을 게 분명했다. 친척들은 우선 거짓말로 위기를 모면하려 했다.

"걱정하지 마라. 우리가 반드시 네 뜻이 이루어지도록 할 테다."

"어떻게 공주를 내 아내로 맞을 수 있겠습니까?"

"그래도 일단 말은 해보아야 하지 않겠느냐? 우리가 힘을 모아 네 뜻이 공주님에게 전해지도록 할 것이다."

위기를 모면하기 위해 말은 그렇게 했지만, 친척들 역시 농부의 뜻을 공주에게 전할 방법도, 전할 생각도 없었다. 그렇지만 자리에 누워 있던 농부는 친척들의 말을 듣고 조금씩 용기를 되찾았다.

얼마 후 친척들은 다시 농부를 찾아왔다. 농부는 반갑게 그들을 맞아 물었다.

"얘기는 해보았습니까?"

"그렇다네."

"공주께서 뭐라고 합니까?"

"곰곰이 생각하시더니 너와 결혼하는 것은 매우 어렵다고 하시더군."

그 말을 들은 농부는 실망하고 말았다. 하지만 이내 얼굴에 웃음을 띠고 친척들에게 말했다.

"수고하셨습니다. 공주님의 마음이 정 그렇다면 할 수 없지요. 하지만 공주님께 내 뜻을 전했으니 다행입니다."

• 출전 : 『백유경』 76

절망에 빠진 사람에게는 한마디 거짓말도 따뜻한 위로가 될 수 있다. 하지만 오르지 못할 나무는 쳐다보지 않는 것이 좋다. 그 나무가 절망의 벽이 될 수 있기 때문이다.

충실한 하인

 어떤 부잣집에 멍청한 하인이 있었다. 어느 날, 주인이 그 하인에게 돈을 주면서 말했다.

"시장에 가서 달고 맛있는 과일을 사오너라."

 하인은 돈을 받아들고 시장으로 향했다. 과일가게에 이르자 그는 가게 주인에게 말했다.

"어떤 과일이 맛이 있습니까?"

 주인이 대답했다.

"우리 집에서 파는 과일은 모두 맛이 있소."

"그 말을 어떻게 믿습니까?"

"믿지 못하겠다면 우선 하나를 맛보시겠소?"

 하인은 과일을 맛본 뒤에 맛있는 것만 골라서 사기로 마음먹었다.

"하나만 맛보고 어떻게 다른 과일들이 모두 맛있다는 것을 알겠소. 지금부터 하나하나 모두 맛을 본 뒤에 사겠소."

 그러고 나서 하인은 과일을 가져다가 하나하나 맛을 보았다. 그런 다음 그는 맛을 본 과일만을 가지고 집으로 돌아왔다.

집으로 돌아오자 주인이 물었다.

"맛있는 것으로 사왔겠지?"

하인이 자랑스런 표정으로 대답했다.

"그럼요, 틀림없습니다. 제가 하나하나 깨물어보고 사 왔으니까요."

그 말을 들은 주인은 불쾌한 표정을 지으며 한 개의 과일도 먹지 않았다.

• 출전 : 『백유경』 70

백 개의 과일 맛을 알이 위해 백 개 모두를 맛볼 필요는 없다. 어떤 사람을 제대로 알기 위해서 그 사람의 모든 것을 알 필요도 없다. 한 가지를 보면 그의 모든 것을 알 수 있기 때문이다.

장님 코끼리 만지기

 옛날 인도의 경면왕(鏡面王)이 신하들에게 명했다.
 "태어날 때부터 아무것도 본 적이 없는 장님들을 불러오라."
 장님들이 궁궐에 도착하자 왕은 신하를 시켜 코끼리 한 마리를 끌어오게 한 다음, 장님들에게 만져보라고 했다. 장님들은 코끼리 주위에 모여들어 손으로 코끼리를 만지기 시작했다. 어떤 사람은 꼬리를 만졌고, 어떤 사람은 머리를 만졌으며, 어떤 사람은 다리를 만졌고, 어떤 사람은 배를 만졌다.
 장님들이 코끼리를 만지고 나자 왕이 물었다.
 "이제 코끼리가 어떻게 생겼는지 알겠느냐?"
 장님들은 입을 모아 대답했다.
 "예, 알겠나이다."
 "그럼, 한 사람씩 코끼리의 모습을 말해보아라."
 맨 먼저 다리를 만져본 사람이 말했다.
 "커다란 나무통과 같습니다."
 꼬리를 만져본 사람이 말했다.
 "빗자루나 굵은 지팡이처럼 생겼습니다."

배를 만져본 자가 앞사람을 비웃으며 말했다.

"커다란 북처럼 생겼습니다."

이번에는 가슴을 만져본 사람이 말했다.

"아닙니다. 넓은 벽 같사옵니다."

등을 만졌던 사람도 지지 않고 말했다.

"높은 책상처럼 생겼습니다."

장님들의 대답은 끝없이 이어졌다. 이번에는 귀를 만진 사람이 대답했다.

"벼를 까부르는 키와 같사옵니다."

머리를 만져본 사람이 말했다.

"작은 언덕 같사옵니다."

다시 상아를 만져본 사람이 나섰다.

"뿔과 같습니다."

맨 마지막으로 코를 만졌던 사람이 대답했다.

"모두 틀렸습니다. 코끼리는 굵고 긴 밧줄과 같습니다."

장님들의 대답을 다 듣고 난 왕이 웃으며 말했다.

"세상 사람들은 모두 자신이 생각하는 것을 옳다고 주장하는구나!"

- 출전 : 『육도집경』 권8 「경면왕경」
- 여기에서 군맹무상(群盲撫象), 군맹모상(群盲摸像), 군맹평상(群盲評象) 등과 같은 고사성어가 생겨났다. 『한비자』 「해로」 편에 이런 구절이 있다. '중국 사람들은 살아 있는 코끼리를 본 적이 거의 없었으므로 죽은 코끼리의 뼈를 살핀 다음에야 살아 있는 코끼리의 모습을 상상했다.'

진실은 분명 존재한다. 하지만 좁은 소견과 아집만으로는 진실에 다가갈 수 없다. 내가 경험한 것이 모두 진실은 아니다. 그러므로 세상의 진실을 알기 위해서는 나무를 볼 것이 아니라 숲을 보아야 하는 것이다.

부러워할 게 따로 있지

 깊은 숲 속에 원숭이 무리가 살고 있었다. 원숭이들은 크게 두 무리로 나뉘어져 있었는데, 무리마다 원숭이 왕이 있었다.

 어느 날 한 무리를 이끌고 있던 원숭이가 다른 원숭이 왕에게 싸움을 걸었다. 그리하여 두 무리 사이에는 큰 전쟁이 벌어졌다.

 하지만 먼저 싸움을 걸었던 원숭이가 싸움에서 지고 말았다. 원숭이 왕은 결국 살아남은 몇몇 부하들만 거느린 채 숲에서 쫓겨났다. 원숭이 왕은 숲에서 나와 넓은 바닷가에 이르렀다.

 그가 바다를 바라보니 커다란 파도가 일었는데 그 높이가 엄청났다. 그는 파도를 바라보며 부하들에게 외쳤다.

 "아아, 저것이 말로만 듣던 설산(雪山)이로구나!"

 왕의 말에 부하들은 모두 입을 벌리고 거대한 파도를 바라보았다.

 "나는 오래 전 조상들로부터 크고 흰 산이 있다는 말을 들었다. 전해 오는 이야기에 의하면 그 산은 온갖 맛있는 열매와 향기로운 꽃으로 가득 차 있다. 그러니 내가 먼저 가서 확인해보아야겠다. 만약 그 말이 사실이라면 나는 그곳에 다시는 돌아오지 않을 것이다. 하지만 그 말이 틀렸다면 돌아와 너희들에게 말하리라."

원숭이 왕은 높은 나무 위로 올라가 파도를 향해 힘껏 몸을 던졌다. 남아 있던 부하들은 왕이 커다란 거품 속으로 사라지자 다시 돌아오기를 기다렸다. 하지만 해가 저물도록 왕은 돌아오지 않았다.

그때 원숭이 한 마리가 동료들을 향해 소리쳤다.

"왕은 돌아오지 않는다. 분명 저 산에는 맛있는 열매와 향기로운 꽃으로 가득 차 있을 것이다. 나는 왕을 따라 저 산으로 뛰어들리라."

부하 원숭이는 왕이 그랬던 것처럼 높은 나무 위에 올라가 힘껏 몸을 던졌다. 그러자 뒤에 있던 나머지 원숭이들도 하나둘 그의 뒤를 좇았다. 결국 원숭이 무리는 한 마리도 빠짐없이 모두 바다에 뛰어들어 빠져 죽고 말았다.

• 출전 : 『법구비유경』 권3 「지옥품」 / 『경률이상』 권39/ 『잡비유경』 (후한록 본)下·27

한 사람의 그릇된 판단이 무리 전체에게 위험을 안긴다. 미련한 지도자에게 미래를 맡겨서는 안 된다. 자신에게 미래를 판단할 능력이 없다면, 현명한 지도자를 선택하는 수밖에 없다.

세 가지 어리석음

수백 마리의 아내를 거느린 푸른 공작새 한 마리가 있었다. 어느 날 그는 무리 중에서 매우 아름다운 공작새를 발견하고는 아내로 삼은 후 다른 아내들을 모두 내쫓았다. 그는 아내의 아름다움에 반하여 매일 먹이를 물어다 주었다.

그때 그 나라의 왕비가 병이 들어 오랫동안 자리에 누워 있었다. 어느 날 왕비가 꿈을 꾸었는데, 한 노인이 나타나 병을 치료할 수 있는 처방을 알려주었다.

"푸른 공작새의 고기를 먹으면 낫게 될 것이오."

꿈에서 깨어난 왕비는 이 사실을 왕에게 알렸다. 왕은 온 나라의 사냥꾼에게 푸른 공작새를 잡으라고 명령했다.

사냥꾼 한 사람이 공작을 잡기 위해 곡식에 꿀을 발라 풀 섶에 뿌려두었다. 마침 푸른 공작이 그것을 발견하고는 아내에게 먹이를 물어다주기 위해 땅에 내려왔다. 그러자 숨어 있던 사냥꾼이 재빨리 공작을 잡았다.

공작이 사냥꾼에게 말했다.

"저를 살려주시면 금은보화가 묻혀 있는 곳을 알려드리겠습니다."

사냥꾼이 공작의 말을 비웃으며 대답했다.

"흥, 너를 왕에게 바치면 나에게 수백금을 상으로 내리실 것이다."

이윽고 공작은 날개가 묶인 채 왕 앞에 끌려갔다. 공작이 눈물을 흘리며 왕에게 말했다.

"인자하신 왕이시여, 제 작은 소원을 들어주십시오. 물을 조금 주시면 제가 그 물로 신비의 영약을 만들어 드리겠습니다. 만약 효험이 없다면 그때 저를 죽여도 늦지 않습니다."

왕은 속는 셈치고 물을 가져다주었다. 과연 공작이 주문을 외자 물에 푸른빛이 감돌았다. 왕이 그 물을 왕비에게 먹이자 병이 씻은 듯이 나았다. 궁궐에 있는 병자들도 그 물을 마신 후 모두 병이 나았다.

공작이 왕에게 말했다.

"저를 호수에 데려다주십시오. 제가 호수에서 주문을 외면 온 나라 백성들이 그 물을 먹고 모든 병을 고칠 수 있습니다."

왕은 공작의 말에 따라 호수로 데려갔다. 그리하여 백성들은 호수의 물을 마시고 모든 병을 고칠 수 있었다. 공작이 왕에게 말했다.

"제가 할 일은 모두 끝났으니 돌아가게 해주십시오."

왕은 공작을 칭찬하고 나서 날개를 묶은 밧줄을 풀어

주었다. 공작은 날개를 펴고 날아올라 높은 나뭇가지 위에 앉은 후 말했다.

"세상에 세 가지 어리석은 것이 있습니다."

왕이 물었다.

"무엇이 세 가지인가?"

"첫째는 내가 어리석은 것이고, 둘째는 사냥꾼이 어리석은 것이고, 셋째는 왕께서 어리석은 것입니다."

"그게 무슨 말인가?"

"내가 수많은 아내를 버리고 한 마리 공장에게 반하여 노예처럼 먹이를 물어다주다가 사냥꾼에 잡힌 것이 첫 번째 어리석음입니다. 또 사냥꾼이 수백금의 상금에 눈이 어두워 엄청난 금은보화를 마다한 것이 두 번째 어리석음입니다."

"그럼 내가 어리석은 이유는 무엇인가?"

"모든 병을 없앨 수 있는 저를 놓아주신 것이지요."

• 출전 : 『육도집경』 권3 「불설사성경」

당장 눈앞에 보이는 이익에 만족하는 사람은 미래를 잃어버린 사람이다. 높이 올라 멀리 보라. 찾고자 하는 보배는 그 너머에 있다.

코를 베어 코에 붙이다

매우 아름다운 외모를 가진 부인이 있었다. 하지만 그녀에게는 딱 한 가지 흠이 있었는데, 바로 못생긴 코였다. 남편은 부인을 사랑했지만, 늘 못생긴 코 때문에 불만이었다.

어느 날, 그는 길을 걷다가 아름답고 매끄러운 코를 가진 여인을 보았다. 여인의 잘생긴 코를 보자 그는 엉뚱한 생각이 들었다.

'저 여자의 코를 베어다가 아내의 얼굴에 붙이면 얼마나 좋을까.'

그는 곧 칼을 들고 여인에게 달려들어 잽싸게 코를 베었다. 그러고는 집으로 달려와 급히 부인을 불렀다.

"빨리 나오시오. 당신한테 좋은 코를 만들어 주리다."

부인이 나오자 그는 부인의 코를 베어내고 남의 코를 그 자리에 붙였다. 그러나 코는 붙지 않았다. 결국 그는 부인의 코만 잃게 한 셈이 되었다.

• 출전 : 『백유경』 28/ 『경률이상』 권44

『장자』 외편 「변무(騈拇)」에 이런 말이 있다.

'오리의 다리가 비록 짧다 하더라도 늘여주면 근심이 되고, 학의 다리가 비록 길다 하더라도 자르면 아픔이 된다(鳧脛雖短 續之則憂 鶴脛雖長 斷之則悲).'

그러므로 본래 긴 것을 잘라서는 안 되며, 본래 짧은 것을 늘여서도 안 된다. 비록 자신의 눈에는 불필요해 보이지만, 그들에게는 생존의 수단이 되기 때문이다.

사람은 타인의 언행을 보고 배운다. 타인의 단점은 곧 나의 거울이 되고, 장점은 나의 스승이 된다. 그러나 타인의 장점을 빼앗아 내게로 옮겨올 수는 없다. 오직 자신의 부족한 점을 닦아 상대방의 인품을 닮고자 노력할 뿐이다.

과녁이 있는 곳으로 가라

 어떤 사람이 왕을 위해 열심히 일을 하다가 나이가 들자 궁궐에서 물러나왔다. 이제 그는 늙고 야위어 더 이상 일을 할 수가 없었다. 왕은 오랫동안 자신을 위해 일한 그에게 죽은 낙타 한 마리를 선물로 주었다.

 집으로 돌아온 그는 낙타를 요리하기 위해 특별히 큰 식칼을 들고 나왔다. 그러고는 칼을 들어 낙타가죽을 벗기려 하였다. 그러나 그 식칼은 너무 무디어서 숫돌에 갈지 않으면 칼질을 할 수 없었다. 게다가 칼을 가는 숫돌은 다락방에 있었다.

 그는 다락 위에 올라갈 칼을 간 다음 다시 부엌으로 내려와 가죽을 벗겼다. 하지만 칼은 금세 무디어졌다. 칼이 무뎌질 때마다 그는 칼을 들고 다락방을 오르락내리락했다. 늙고 야윈 그는 다락방을 오르내리는 일이 너무 힘에 버거웠다.

 힘이 다한 그 남자는 바닥에 앉아 있다가 문득 한 가지 생각을 떠올렸다.

 "맞아, 낙타를 다락에 매달아서 가죽을 벗기면 이렇게 오르락내리락하지 않아도 돼."

그는 낙타를 메고 다락방으로 올라갔다. 그러나 칼이 말을 듣지 않았다. 그는 또 생각했다.

"한꺼번에 여러 번 갈아두면 되는 걸."

그는 칼을 가는 데 열중했다. 마침내 그는 낙타 따위는 까맣게 잊고 칼 가는 일에만 정신이 팔렸다.

• 출전 : 『백유경』 18

무엇에 열중하고 있는가. 낙타인가, 숫돌인가? 일단 칼을 들었으면 가죽을 벗기는 일에 열중해야 한다. 그러므로 낙타를 옮길 것이 아니라 숫돌을 가져오면 된다.

목표가 명확한 사람은 가는 길도 곧다. 잃어버린 화살을 찾으려면 자신이 활을 쏜 과녁으로 가야지 대장간으로 갈 필요가 없다.

떠먹여 줘야만 아는가

무척 미련한 사내가 있었다. 어느 날, 그는 목이 말라 물을 찾았다. 그러자 친구가 그를 냇가로 데려갔다. 그러나 어리석은 사내는 냇물을 바라볼 뿐 좀처럼 물을 마시려 하지 않았다.

곁에 서 있던 친구가 조바심을 내며 말했다.

"목이 마르면서 왜 물을 마시지 않는가?"

어리석은 사내는 난처한 듯 고개를 저으며 말했다.

"자네는 이 냇물을 모두 마실 수 있다고 생각하는가?"

"수천 명이 달라붙어도 모두 마시지는 못할 걸세."

사내가 말했다.

"그래서 내가 이러고 있는 것일세. 수천 명이 와도 마실 수 없는 것을 내가 어찌 마실 수 있겠는가?"

"그럼 마시지 말게."

친구는 목마른 사내를 버려두고 가버렸다.

• 출전 : 『백유경』 20

천리 길도 한 걸음부터 시작된다. 남이 떠먹여 주기 전에 먼저 자신의 손을 뻗어라.

마음만 한번 고쳐먹으면

들어갔다면, 나올 곳부터 생각하라 | 마음만 한번 고쳐먹으면 | 기름기가 없는 염소 | 기회는 준비된 자에게 찾아온다 | 할 일 없는 귀신 | 남의 소를 세다 | 운 좋은 공처가 | 아는 것이 병 | 환상의 성 | 비록 달라진 것은 없지만 | 독사가 독을 참아낼 때 | 입안의 쌀 한 줌 | 바닷물을 퍼내 바닥을 보리라 | 두 마리의 토끼를 쫓다가 | 사막에서 살아남기 | 바위 아래에는 | 싸구나, 싸!

들어갔다면, 나올 곳부터 생각하라

승냥이 한 마리가 먹을 것을 찾아 들판을 어슬렁거리다가 죽은 코끼리를 발견했다. 코끼리의 시체는 엄청나게 컸기 때문에 승냥이는 한동안 주변을 걸으며 어떻게 먹어치워야 할지 고민했다.

승냥이는 먹을 부위를 찾다가 가장 부드러운 항문을 발견했다. 승냥이는 항문부터 차츰 파먹기 시작하여 마침내 코끼리의 뱃속까지 들어가게 되었다. 뱃속에 들어가자 주변은 온통 살코기 천지였다. 승냥이는 너무나 행복했다. 그는 목이 마르면 피를 빨고, 쉬고 싶으면 누워 잠을 잤다.

'이 뱃속이야말로 천국이로구나.'

코끼리 뱃속은 따뜻하고 먹을 것도 풍부했기 때문에 승냥이는 빠져나올 생각도 없이 그 안에서 나날을 보냈다. 그러나 시간이 흐르자 코끼리 시체는 햇볕에 말라 조금씩 쭈그러들기 시작했고, 승냥이가 들어갔던 항문도 굳게 닫히고 말았다.

시체가 가죽밖에 남지 않게 되자 그 안에는 마실 것도, 먹을 것도 남아 있지 않게 되었다. 먹을 것이 떨어지자 승냥이는 자신이 들어온 항문을 향해 천천히 걸어갔다. 하지만 항문은 이미 막혀 오갈 데가 없었다.

나갈 곳이 온데간데없이 사라지자 승냥이는 미쳐 날뛰기 시작했다. 이윽고 승냥이는 힘이 빠져 죽을 날만 기다리게 되었다. 그때 마침 비가 내리기 시작했다. 가죽이 물에 젖으니 점점 부풀어 올라 항문이 열렸다.

항문 구멍을 확인한 승냥이는 있는 힘을 다해 내달렸다. 그 바람에 승냥이는 온몸의 털이 모두 빠져버리고 말았다. 가까스로 항문을 빠져나온 승냥이는 정신없이 도망치다가 걸음을 멈추고 뒤를 돌아다보았다. 그곳에는 거친 코끼리 가죽만이 남아 있었다. 승냥이는 안도의 한숨을 몰아쉬며 소리쳤다.

"나의 탐욕이 이런 화를 불렀구나! 하마터면 영영 빠져나오지 못하고 죽을 뻔했어."

• 출전: 『본생경』 148

오르막길이 있으면 반드시 내리막길이 있는 법이다. 높은 곳에 올랐다고 안주하지 말라. 아직 내려가는 길이 남아 있다. 다치지 않고 내려올 수 있는 사람만이 다시 오를 수 있는 기회를 얻을 수 있다.

마음만 한번 고쳐먹으면

옛날 어떤 나라에 대신 한 사람이 있었다. 그는 어린 아들을 남겨놓고 죽었는데, 아들은 아직 철이 없어 아버지가 모아놓은 재산을 모두 탕진해버리고 말았다. 그는 자라 청년이 되었으나 가난을 면치 못했다.

청년은 여러 가지 일을 해보았지만 번번이 실패했다. 절망에 빠진 그는 마침내 도둑질을 하여 생계를 이어가기로 마음먹었다. 하지만 이왕 도둑질을 할 바에야 크게 한탕을 하는 것이 나을 것 같았다.

'좀도둑이 되기보다는 궁궐에 들어가 귀한 보물을 훔쳐 단박에 부자가 되는 게 나을 거야.'

이윽고 그는 한밤중에 몰래 궁궐로 들어가 곧장 왕의 침실로 향했다. 하지만 궁궐이 너무 넓어 왕의 침실을 쉽게 찾을 수 없었다. 더구나 그는 며칠 동안 아무것도 먹지 못했기 때문에, 왕의 침실에 도착했을 때는 몹시 허기져서 움직일 힘조차 없었다.

그는 가장 먼저 먹을 것을 찾았다. 청년이 숨을 죽이고 가만히 살펴보니 탁자 위에 물병과 쟁반이 놓여 있고, 쟁반 위에는 무엇인가 소복이 쌓여 있었다. 손으로 만져보니 부드러운 밀가루처럼 느껴졌다. 그는 급한 김에 그것을 물에 타서 들이켰다.

한참을 마시고 나니 허기가 사라지고 정신도 말짱해졌다. 그러나 정신을 차려보니 쟁반 위에 놓여 있던 것은 밀가루가 아니라 향을 태운 새까만 재였다. 순간 그는 생각했다.

'재를 먹어도 배가 부르니 참으로 이상하구나. 그렇다면 풀뿌리를 뽑아먹어도 배가 부른 것은 마찬가지이다. 풀만 먹어도 살 수 있는데 무엇 때문에 내가 도둑질을 한단 말인가?'

그런 생각이 든 청년은 훔친 물건들을 모두 제자리에 놓아두고, 막 침실을 빠져나오려 했다. 그때 왕이 잠에서 깨어나 외쳤다.

"이보게, 도둑이 아무것도 훔치지 않고 왜 그냥 나가려 하는가?"

깜짝 놀란 청년은 왕 앞에 무릎을 꿇고 사실대로 고하였다.

"잿물로도 배고픔을 면할 수 있는데, 굳이 재물을 훔칠 필요가 없다는 것을 알았습니다. 이제부터는 잿물이나 풀뿌리를 먹고 살지언정 도둑질을 하지 않겠습니다."

그리하여 임금은 그를 용서해주었다.

• 출전: 『대장엄론경』 권6·35

사람들은 극한의 고통 앞에 이른 뒤에야 그동안의 삶이 얼마나 행복했던 것인가를 깨닫게 된다. 끼니를 해결할 수 없는 지경에 이른 뒤에야 한 끼의 식사가 얼마나 소중한 것인가를 깨닫고, 죽음 앞에 이른 뒤에야 삶이 얼마나 행복한 것인가를 깨달으며, 죽은 뒤에야 자신의 욕망이 얼마나 허망했던 것인가를 깨닫는다.

현실을 원망할 필요가 없다. 현실은 우리에게 가난함을 강요할지 모르지만, 가난하게 살 수 있다는 것만으로도 행복한 것이다. 가난함이 핑계가 될 수는 없다. 가장 불행한 사람은 재물이 없는 사람이 아니라, 마음이 가난한 사람이다.

기름기가 없는 염소

어떤 나라의 왕이 대신들의 능력을 시험하고 싶었다. 왕은 궁리 끝에 대신들의 지혜를 시험할 한 가지 방법을 생각해냈다.

어느 날, 왕은 여러 대신들을 불러놓고 엉뚱한 숙제를 내주었다.

"지금부터 대신들에게 염소 한 마리씩을 나눠줄 것이다. 1년 뒤 그대들은 기름기가 없는 염소고기를 가져오라. 가져오는 자에게는 상을 내릴 것이요, 그렇지 못한 자에게는 벌을 내리리라."

'도대체 기름기 없는 염소고기가 어디 있단 말인가?'

대신들은 당황했지만 어쨌든 임금의 명령이므로 염소를 한 마리씩 끌고 집으로 돌아갔다. 대신들은 염소를 좋은 우리 안에 가두어두고 맛있는 풀과 곡식을 먹이며 금이야 옥이야 길렀다.

이윽고 1년이 지났다. 왕이 대신들을 모아놓고 다시 말했다.

"그대들에게 염소를 나누어준 지 1년이 지났다. 그러니 내일 아침 그동안 기른 염소를 데리고 오라."

이튿날 대신들은 모두 염소를 끌고 궁궐로 향했다. 하지만 맛있는 먹이와 곡식을 주어 기른 염소들은 하나같이 피둥피둥 살이 찌고, 번들번들 윤기가 흘렀다.

하지만 한 대신이 데려온 염소는 날렵하고 기름기가 전혀 없어 보였다. 왕이 그 대신을 불러 물었다.

"그대는 좋은 먹이를 주지 않았구려."

"아닙니다. 저는 날마다 좋은 먹이를 먹였습니다."

"그런데 저 염소는 왜 저렇게 말랐는가?"

"짐승이나 사람이나 편안해지면 살이 찌는 법입니다. 그래서 저는 이리 한 마리를 잡아다가 하루에 세 번씩 염소 우리 안에 넣었습니다. 그러자 염소는 겁이 나서 하루 세 번씩 이리를 피해 달아났고, 다음날 다시 이리가 올까봐 늘 긴장했습니다. 그래서 살이 찌지 않은 것입니다."

왕은 그 말을 듣고 백정에게 염소를 잡게 했다. 과연 근육만 발달했을 뿐 기름기가 전혀 없었다.

• 출전 : 『대지도론』 권15·25/ 『근본설일체유부비나야잡사』 권28

몸의 편안함은 게으름을 만들고, 게으름은 번뇌의 기름을 만든다.
번뇌의 기름을 태울 수 있는 것은 쉼 없는 정진뿐이다.

기회는 준비된 자에게 찾아온다

 어떤 어부가 성에 들어갔다가 누각에 앉아 있는 공주를 보고 첫눈에 반했다. 그날 이후 어부는 공주를 잊지 못해 음식도 먹지 못하고 시름시름 앓았다. 어부의 어미가 아들에게 이유를 묻자 그는 사실대로 대답했다.

"얼마 전 성에 들어갔다가 아름다운 여인을 보았습니다. 사람들에게 물어보니 공주라고 하더군요. 그날 이후 저는 그 여인을 그리워하게 되었습니다. 그 여인과 짝이 되지 못할 바에야 살아갈 이유가 없습니다."

아들이 상사병에 걸린 것을 안 어머니는 손사래를 치며 말했다.

"너는 천한 몸이요, 공주는 귀한 신분이니 어찌 짝이 될 수 있단 말이냐? 오르지 못할 나무는 쳐다보지도 말거라."

"그 여인을 보지 못하면 한시도 살 수 없습니다. 차라리 죽겠습니다."

어부는 자리에 누워 꼼짝도 하지 않았다. 어부는 몸이 마르고 눈은 패여 마치 산송장이나 다름없었다. 이를 보다 못 한 어머니는 아들을 살리기 위해 궁궐로 향했다.

그녀는 푸짐한 고기와 음식을 공주에게 바쳤다. 이상하게 여긴 공주가 물었다.

"내게 부탁할 것이라도 있나요?"

"한 번만 만나주시면 됩니다."

공주는 어머니의 마음을 안타까이 여겨 소원을 들어주기로 했다.

"그럼 아들에게 보름달이 뜨는 날 사당 뒤로 오라고 하세요. 나는 사당에 간다는 핑계를 대고 궁궐을 빠져나가겠어요."

어머니는 집으로 돌아와 이 기쁜 사실을 아들에게 일러주었다.

마침내 약속한 날이 되자 어부는 목욕을 하고 새 옷을 갈아입은 후 부지런히 사당으로 향했다. 공주 역시 왕에게 사당에 복을 빌러간다는 핑계를 대고 약속장소로 향했다.

사당 앞에 이른 공주는 시녀들을 모두 물러나게 하고 혼자 사당 안으로 들어갔다. 하지만 만나기로 한 어부는 너무 일찍 사당에 나와 기다리고 있었다. 기다림이 계속되자 그는 긴장한 나머지 안절부절못하다가 결국 사당 안에서 잠이 들고 말았다.

공주가 사당 안으로 들어서자 어부는 곤히 잠들어 있었다. 공주가 살며시 어깨를 흔들어 깨웠으나 그는 끝내 일어나지 않았다. 공주는 하는 수 없이 자신이 왔다갔다는 표시로 어부 곁에 목걸이 하나를 남겨두고 사당을 나왔다.

어부는 공주가 떠난 뒤에야 잠에서 깨어났다. 사방을 살펴보니 곁에 목걸이 한 개가 놓여 있었다. 그는 급히 밖으로 나와 사람들에게 물어보았다.

"혹시 공주님이 오지 않았습니까?"

"아까 왔다가셨지요."

그 말을 들은 어부는 후회와 자책을 견디지 못하고 스스로 목숨을 끊고 말았다.

• 출전 : 『대지도론』 권14·24/ 『경률이상』 권34

그는 매일 오는 것이 아니다. 아주 잠깐 동안 우리를 시험하고는 곧 떠나버린다. 때문에 한번 찾아온 기회를 놓치면 영영 만날 기회를 놓칠 수도 있다. 그러므로 그가 방문할 때를 위해 항상 준비하고 있어야 한다. 신(神)은 항상 준비하고 있는 자에게만 찾아오는 것이다.

할 일 없는 귀신

아주 게으른 사람이 있었다. 어느 날 그가 길을 걷다 보니 길가에 앉아 이상한 동물을 파는 상인이 있었다. 게으른 사람이 상인에게 다가가 물었다.

"정말 이상하게 생긴 짐승이구려. 도대체 무엇이오?"

"이것은 귀신입니다."

게으른 사내가 깜짝 놀라는 표정을 지으며 말했다.

"얼마입니까?"

"2백 냥입니다."

"이 귀신이 무슨 가치가 있기에 그렇게 비쌉니까?"

"이 귀신은 아주 솜씨가 좋아서 못하는 일이 없습니다. 하루 동안 백 사람이 할 일을 해치우지요."

게으른 사람은 그 말을 듣고 꿀꺽 침을 삼켰다. 만일 귀신이 백 사람의 몫을 해낸다면 200냥은 결코 비싼 것이 아니었다.

"그럼 내가 사겠소."

상인이 게으른 사람에게 말했다.

"다만 이 귀신에게는 한 가지 단점이 있습니다."

"그게 무엇입니까?"

"절대 귀신이 일을 멈추거나 쉬게 해선 안 됩니다. 만약 할 일이 없으면, 무엇이든 스스로 일을 만들지요."

"그런 건 염려하지 않아도 됩니다. 집에는 할 일이 태산 같으니까요. 결코 쉬게 하지는 않을 것입니다."

게으른 사내는 상인에게 돈을 치르고 귀신을 데려왔다. 농사일을 시키자 귀신은 하루 만에 모든 일을 끝냈다. 게으른 사내는 귀신에게 땔감을 베어오게 하고, 집을 짓고, 방아를 찧고, 밥을 짓게 하였다. 얼마 안 가 게으른 사내는 하는 일도 없이 큰 부자가 되었다.

어느 날 게으른 사내에게 객지를 다녀와야 할 일이 생겼다. 그는 깜빡 잊고 귀신에게 해야 일을 시키지 않았다.

이윽고 하루가 지나자 귀신은 할 일이 없었다. 그러자 귀신은 그동안 지었던 집을 부수고, 밭에 불을 질렀으며, 가재도구를 모두 부수었다. 그래도 할 일을 찾지 못한 귀신은 집안의 아이까지 잡아다 가마 속에다 넣고 삶아 버렸다.

• 출전 : 『경률이상』 권44

쉽게 굴러들어온 행운은 모래 위에 지은 집과 같다. 모래 한 줌이 흘러내리면 모래 위에 지은 집은 한순간에 허물어진다. 흙을 다지고 튼튼한 기둥을 세워 지은 집만이 거센 폭풍에도 무너지지 않는다.

남의 소를 세다

옛날 어떤 마을에 소를 먹이는 농부가 있었다. 그 이웃집에도 소 먹이는 사람이 있었는데, 소의 숫자가 훨씬 많았다.

어느 날 농부는 이웃집에 놀러 갔다가 들판에서 풀을 뜯고 있는 수백 마리의 소를 보았다. 그 모습을 보자 농부는 무척 부러운 생각이 들었다.

"저 소가 모두 내 것이었으면……."

이튿날부터 그는 자신의 소는 돌보지 않고, 들판에 풀을 뜯고 있는 이웃집 소만 바라보았다. 농부는 곧 이웃집 소들이 자신의 소유가 될 수 없음을 알고 이렇게 마음먹었다.

"어차피 들에 풀어놓은 것이니 내 것이나 마찬가지 아닌가?"

그날 이후 그는 자신의 소에는 관심을 두지 않고 오직 들에 나가 이웃집 소의 숫자를 세며 즐거워했다.

"참 많기도 하지. 나는 이제 부자가 아닌가?"

농부가 매일 들에 나가 남의 집 소만 세고 있자 자신의 소는 하나씩 줄어들기 시작했다. 그가 한눈을 팔고 있는 사이 맹수에게 잡아먹히기도 하고, 혹은 들에서 길을 잃어 그 수가 날로 줄어들었기 때문이었다. 그런데도 농부는 그것을 깨닫지 못하고, 남의 소를 세는 데만 정신이 팔려 있었다.

• 출전 : 『출요경』 권6 「방일품」

『열자(列子)』「설부」편에 이런 이야기가 있다.
어떤 사람이 길을 가다가 넓적한 나무판을 주웠다. 그 나무판에는 어떤 부자의 재산목록이 상세하게 새겨져 있었다. 그는 나무판을 몰래 감추어두고 하루 종일 거기에 새겨진 재산목록을 계산하면서 즐거워했다. 그 모습을 본 이웃사람이 물었다.
"나무판에 무엇이 씌어 있기에 그리 즐거워하시오?"
나무판을 주운 사람은 몹시 행복한 표정을 지으며 대답했다.
"내가 부자가 되는 것도 이젠 시간문제입니다."
스스로를 알지 못하는 사람에게는 남의 떡이 커 보이게 마련이다. 뜻을 세웠다면 먼저 제 몸을 다룰 줄 알아야 한다. 아무리 똑똑한 사람일지라도 자신을 다루지 못한다면 결코 남을 다룰 수 없다. 남에게서 시선을 거두어, 먼저 스스로를 돌아보라.

운 좋은 공처가

 어떤 나라가 이웃나라의 침략을 받았다. 그러자 나라에서는 열다섯 살 이상 예순 살 이하의 모든 남자를 징병하여 전쟁터로 보냈다.
 베틀로 옷감을 짜는 사람이 있었는데 나이가 이미 예순 살에 가까웠다. 그에게는 젊고 예쁜 아내가 있었지만, 그녀는 늘 남편을 업신여겼다. 그러나 남편은 아내를 사랑했기 때문에 항상 비위를 맞추며 하루하루를 보내고 있었다.
 그러던 어느 날 그에게도 전쟁터에 나가라는 명령이 내려졌다. 명령을 거부할 수 없었던 그는 아내에게 이별을 고하며 말했다.
 "나라가 전쟁에 휩싸였으니 나도 전쟁터로 나가야 하오. 그러니 무기와 양식을 준비해주시오."
 아내는 곡식 서 말을 그릇에 담고, 옷감을 짤 때 사용하는 열다섯 자 크기의 베틀 북을 남편 앞에 내놓으며 말했다.
 "준비가 되었으니 어서 전쟁터로 가십시오. 만약 곡식 담는 그릇을 깨뜨리거나 옷감을 짜는 베틀 북을 잃어버리면 다시는 저를 보지 못할 것입니다."

남편은 결코 그릇과 베틀 북을 잃어버리지 않겠다고 다짐하며 전쟁터로 떠났다. 이제 몸을 다치는 것은 아무런 문제도 되지 않았다. 그에게 가장 중요한 것은 그릇과 베틀 북을 무사히 집에 가져가는 것뿐이었다. 만약 두 가지 물건을 잃는다면 아름다운 아내를 잃어버릴지도 모를 일이기 때문이었다.

적군과 마주친 그는 열심히 싸움에 임했다. 그러나 점차 아군이 불리해지자 군사들은 모두 도망치고 말았다. 하지만 그는 그릇과 베틀 북을 잃어버리지 않기 위해 끝까지 적군과 맞서 싸웠다. 그릇을 방패로 삼고 베틀 북을 무기로 삼아 닥치는 대로 휘두르며 앞으로 전진했다.

그의 맹렬한 공격에 놀란 적군은 이내 퇴각하고 말았다. 이로 말미암아 아군은 다시 전열을 정비하고 큰 승리를 거둘 수 있었다.

그가 전쟁터에서 돌아오자 왕은 그에게 큰 상을 내리며 물었다.

"그대는 어떻게 혼자의 힘으로 적군을 물리칠 수가 있었는가?"

그는 정직하게 왕에게 아뢰었다.

"저는 싸움을 잘하지 못합니다. 다만 집을 떠날 때 아내가 두 가지 물건을 주며 그것을 잃어버리면 집을 나가겠다고 말했습니다. 저는 두 가지 물건을 잃을까봐 죽을 힘을 다해 지킨 것뿐입니다."

• 출전 : 『집비유경』 (후한록 본)下·16

전쟁은 명분 싸움이다. 그러나 이 세상에 명분 있는 전쟁은 없고, 의로운 전쟁도 없다. 병사의 명분은 오직 나와 가족의 생명을 지키는 것뿐이다. 가장 절실한 것, 가장 사랑하는 것을 지키는 것만큼 확실한 명분은 없다.
나에게 가장 절실한 것은 무엇인가. 그것이 나를 움직이는 가장 강력한 힘이다.

아는 것이 병

 넓은 목화밭을 가진 사람이 있었다. 수확 철이 되자 탐스러운 목화송이가 주렁주렁 열렸다. 목화는 제때에 거두지 않으면 상품 가치가 떨어졌다.

 그리하여 목화밭 주인은 품삯을 주고 여러 일꾼들을 사들여 목화를 수확하기 시작했다. 일꾼들이 부지런히 일하는 모습을 본 주인은 요리사를 불러 일꾼들에게 대접할 맛있는 고깃국과 밥을 준비하도록 했다. 이윽고 국이 끓기 시작하자 요리사는 솥뚜껑을 열고 간을 보았다.

 마침 그때 늙은 솔개 한 마리가 날아가다가 국이 들어 있는 솥에 똥을 떨어뜨리고 말았다. 요리사는 깜짝 놀라 똥을 집어내려 했지만, 끓는 국에 떨어진 똥은 이내 녹아들었다. 새로 국을 끓이자니 이미 식사시간이 다가와 있었다.

 요리사는 고민을 하다가 이렇게 마음먹었다.

 "똥이 조금 들어갔다고 국 맛이 변하지는 않겠지. 다른 사람들은 모를 거야. 나만 먹지 않으면 되지, 뭐."

 그렇게 생각한 요리사는 커다란 식탁에 밥상을 차린 후 일꾼들을 모두 불렀다. 일꾼들은 너무나 배가 고픈

터라 똥이 녹은 줄도 모르고 맛있게 국을 먹었다. 그러나 요리사는 끝내 그 국을 먹지 않았다.

일꾼들이 요리사를 불러 말했다.

"정말 맛있는 고깃국이오. 국을 끓이느라 수고했으니 와서 맛 좀 보구려."

요리사는 사양하려 했지만 일꾼들은 막무가내였다. 요리사는 더 이상 먹지 않으면 일꾼들이 의심할까 싶어 억지로 국물을 삼켰다. 그러자 국물에서 고기 맛은 나지 않고 솔개의 똥 맛만 느껴졌다.

• 출전 : 『잡비유경』 (후한록 본) 下·25

배고픔을 면하는 것이 목적이라면 모르고 먹는 것이 낫다. 일단 똥이 들어간 것을 알고 나면 그 음식을 맛있게 먹을 수가 없다. 이왕 먹을 바에야 맛있게 먹어야 한다. 요리사가 맛이 있고 없음을 판단하는 것은 국 맛 그 자체가 아니라 그가 알고 있던 편견에 의한 것이다. 편견을 버린 사람에게 이 세상의 모든 것은 '하나'일 뿐이다.

환상의 성

어떤 도인이 숨겨진 보물을 찾기 위해 수많은 사람들을 이끌고 길을 떠났다. 그러나 사막과 높은 돌산이 곳곳을 가로막고 있어, 길은 멀고 험하기만 했다. 사람들은 점점 지쳐가기 시작했다.

목마름과 배고픔에 시달리던 사람들은 중도에서 포기하고 싶은 마음이 간절했다. 피로해진 사람들은 하나둘 도인을 찾아와 고통을 호소했다.

"더 이상 갈 수 없습니다. 지금까지 험난한 길을 걸어왔는데 언제 목적지에 도착할 지도 알 수 없습니다. 이제 돌아가야겠습니다."

그 말을 들은 도인은 몹시 안타까운 생각이 들었다. 목적지가 멀지 않았는데 중도에서 포기하려는 사람들이 가엾게 여겨졌다. 도인은 잠시 생각에 잠겨 있다가 도술을 부려 사막 한가운데에 커다란 환상의 성을 만들었다.

그런 다음 도인은 길가에 쓰러져 있는 사람들을 향해 말했다.

"그대들은 두려워하지도 말고 되돌아가지도 말라. 이제 저 성에 들어가면 따뜻한 잠자리와 맛있는 음식이 기다리고 있을 것이다."

사람들은 도인이 가리키는 사막 한가운데의 성을 바라보았다. 정말 아름답고 화려한 성이었다. 피로해진 사람들은 그 성을 보고 크게 기뻐하며 조금씩 힘을 되찾기 시작했다. 사람들은 서로를 격려하며 외쳤다.

"이젠 고생도 끝이야. 저 성이 우릴 기다리고 있어. 자, 어서 가자고!"

그 말에 신바람이 난 사람들은 모두 힘을 내어 다시 걸음을 재촉했다. 이윽고 사람들은 그 성으로 들어갔다. 성에 들어선 사람들은 너무 지친 나머지 곤한 잠에 빠져들었다.

사람들이 잠에서 깨어났을 때, 자신들이 쉬었던 성은 온데간데없이 사라지고 없었다. 사람들이 깜짝 놀라 도인에게 물었다.

"어젯밤에 우리가 잠들었던 성은 어디에 있습니까?"

도인이 미소를 지으며 대답했다.

"애초 그런 성은 없었다. 자, 이제 나를 따라오너라. 보물 있는 곳이 가까우니라."

• 출전 : 『묘법연화경』 권3 「화성유품」

잠 못 이루는 사람에게 밤은 길고, 게으른 사람에게 하루는 더욱 길게 느껴지는 법이다. 긍정적인 사고를 지닌 사람은 자신이 처한 어려움을 전화위복의 기회로 삼는다.

비록 달라진 것은 없지만

어떤 마을에 작은 샘물이 있었다. 그 샘에서 나오는 물은 맑고 깨끗할 뿐만 아니라 물맛도 아주 좋았다. 하지만 그 마을이 궁궐에서 200리나 떨어져 있는 것이 문제였다. 왕은 그 물맛을 잊지 못해 날마다 마을 사람들에게 명령하여 샘물을 궁궐까지 운반하도록 했다.

날마다 물통을 수레에 싣고 200리 길을 오가자니 마을 사람들은 몹시 괴로웠다. 그리하여 괴로움을 참지 못한 사람들은 하나둘 마을을 떠나기 시작했다.

그러자 촌장이 마을 사람들을 모아놓고 대책을 마련했다.

"이대로 가다가는 마을에 한 사람도 남지 않게 될 것이오. 더구나 사람의 숫자가 줄어들면 남은 사람들의 고생은 더욱 심해질 것이오."

그러나 마땅한 해결책을 제시하는 사람은 없었다. 촌장은 궁리 끝에 마을 사람들에게 말했다.

"좋은 생각이 떠올랐소. 내가 왕에게 아뢰어 200리 길을 100리로 줄여달라고 요구하겠소. 그러면 당신들은 고단하지 않을 것이고, 마을을 떠나는 사람도 없어질 것이오."

마을 사람들은 촌장의 말이 옳다고 여겨 그를 궁궐로 보냈다. 궁궐에 도착하자 그는 곧 왕을 찾아가 말했다.

"200리는 너무 먼 거리입니다. 그러니 궁궐에서 우리 마을까지의 거리를 100리로 줄여주십시오."

왕의 촌장의 말을 듣고는 무릎을 치며 말했다.

"그런 방법이 있었군. 좋다, 오늘부터 너희 마을까지의 거리를 200리가 아니라 100리로 정하겠다."

마을 사람들은 그 소식을 듣고 매우 기뻐했다. 하지만 그중 한 사람이 촌장에게 말했다.

"그래도 달라진 것은 아무것도 없잖아요?"

촌장이 한심하다는 표정으로 그를 바라보며 말했다.

"무엇이 달라지지 않았다는 것인가? 200리가 100리로 줄었는데."

• 출전 : 『백유경』 34

힘든 일을 힘들다고 생각하면 그 일을 하기는 더욱 힘이 들게 된다. 하지만 아무리 힘든 일이라도 가시나무로 죽을 때까지 매를 맞는 것보다는 쉬운 일이다. 그러니 긍정적으로 생각하라. 200리는 200리이다. 그러나 100리라고 마음먹으면, 그대로 100리가 된다.

독사가 독을 참아낼 때

집안 살림을 불리는 데 뛰어난 재주를 가진 사람이 있었다. 그는 황금을 특히 좋아했다. 그리하여 그는 몸을 돌보지 않고 부지런히 일하여 번 돈을 모두 황금을 사는 데 썼다. 황금이 모이자 그는 항아리에 담아 마당 깊숙이 땅을 파고 그것을 감추어두었다.

세월이 흘러 그는 마침내 병에 걸려 죽고 말았다. 하지만 그는 숨겨둔 황금이 너무 아까워 차마 이승을 떠날 수가 없었다. 결국 그는 황금에 너무 집착한 나머지 한 마리 독사가 되어 항아리를 지키는 신세가 되었다.

다시 세월이 흘러 집은 허물어졌고, 그 집에 살던 가족들도 모두 사라졌다. 그러나 그 독사만은 여전히 항아리를 지키고 있었다. 다시 무수한 세월이 흐르자 독사는 점점 후회하기 시작했다. 독사의 몸이 되어 항아리를 지키는 일에 싫증이 났던 것이다.

고민 끝에 독사는 한 가지 결론에 도달했다.

"나는 황금 때문에 독사로 태어났다. 만일 황금을 좋은 일에 쓴다면 다음에는 좋은 몸을 받고 태어날 것이다."

마침내 독사는 풀 섶에 몸을 숨기고, 가장 먼저 눈에

띄는 사람에게 사정을 설명하기로 했다. 마침 어떤 사람이 길을 걸어가는 것이 보였다. 독사는 힘껏 그 사람을 불렀다.

"이보시오. 내 말 좀 들어보시오!"

길 가던 사람이 깜짝 놀라 주위를 돌아보니 독사 한 마리가 목을 세운 채 자신을 바라보고 있었다.

"저리 가라! 이놈의 독사!"

그러나 독사는 곧 머리를 숙이고 말했다.

"내가 나쁜 마음을 가졌다면 벌써 당신을 해쳤을 것입니다. 내 말을 들어주면 해치지 않겠습니다."

행인은 독사의 말을 듣고 가까이 다가갔다. 독사가 가만히 입을 열었다.

"나는 황금으로 채워진 항아리를 갖고 있습니다. 나는 그것을 스님들에게 공양하려 합니다. 나를 도와주십시오."

행인이 고개를 끄덕이자 독사는 그를 마당으로 데리고 가서 항아리를 파내도록 했다. 그런 다음 항아리를 그에게 주면서 말하였다.

"이 황금을 가지고 스님들에게 공양하되, 음식을 베푸는 날에는 반드시 나를 그곳으로 데려가주십시오."

행인은 황금을 가지고 절을 찾아가 독사의 사정을 자세히 말했다. 그러자 스님들은 황금을 팔아 음식을 준비했다. 이윽고 공양하는 날이 되자 행인은 독사가 있는 곳으로 향했다. 행인은 독사의 몸을 천으로 덮은 후 나무판 위에 얹어 절로 향했다.

한참 길을 가는데 맞은편에서 걸어오던 어떤 사람이 행인에게 인사했다.

"안녕하세요? 나무판을 들고 어디로 가십니까?"

하지만 행인은 대답도 하지 않은 채 지나쳤다. 맞은편의 행인이 몇 번이나 거듭 인사를 했지만, 그는 한 마디도 대답하지 않았다. 독사는 갑자기 이빨에 독이 고이는 것을 느꼈다. 이 버릇없는 행인을 당장이라도 물어 죽이고 싶었다. 그러나 독사는 곧 화를 가라앉히며 생각했다.

"이 사람은 나를 위해 일하고 있는데 아직 나는 은혜도 갚지 못하였다. 비록 나쁜 사람이라도 내가 참는 것이 도리이다."

한참을 더 걸어 호젓한 곳에 이르자 독사가 행인에게 말하였다.

"잠시 나를 내려놓으십시오."

행인이 나무판을 내려놓자 독사는 행인에게 점잖게 타일렀다.

"당신은 다른 사람이 인사를 하는데도 이를 무시했습니다. 다음부터 사람들이 인사를 건네면 인사를 받는 것이 좋겠습니다."

그 말을 들은 행인은 곧 자신의 잘못을 뉘우치고 독사에게 감사했다. 마침내 행인은 독사를 메고 절에 들어가 스님들 앞에 내려놓았다. 스님들은 독사를 위하여 공양을 하고 널리 설법하였다.

 훗날 독사는 그 공덕으로 말미암아 하늘나라에 태어날 수 있었다.

• 출전 : 『현우경』 권3 「칠병금시품」 / 『경률이상』 권48

집착이 화를 부른다.

그는 황금에 대한 집착 때문에 독사가 되었고, 다시 집착을 버림으로써 독사의 몸에서 벗어날 수 있었다. 그러나 독사의 본성은 남아 있다. 그에게 있어서 가장 큰 독(毒)은 화를 내는 것이다. 화를 내면 이빨에 독이 고이고, 마침내는 자신을 이기지 못해 남의 발목을 무는 것이다.

하지만 독사는 화를 다스렸다. 그가 화를 다스릴 수 있었던 것은 행인이 자신의 은인이라고 믿었기 때문이다. 이 세상에 나의 은인이 아닌 사람은 한 사람도 없다.

입 안의 쌀 한 줌

어떤 마을에 어리석은 사내가 있었다. 어느 날, 그는 처가를 방문하기 위해 길을 나섰다. 처가는 워낙 멀리 떨어져 있었기 때문에 찾아가고 싶은 마음이 굴뚝같아도 찾아가지 못했던 터였다. 그동안 벼르고 벼르던 처가 방문이었기 때문에 먼 길을 단숨에 달려갔다.

처가에 도착했을 무렵 그는 기진맥진한 상태였다. 목이 마르고 배가 고픈 것은 물론 서 있을 힘도 없었다. 간신히 처가에 도착한 그는 먼저 먹을 것을 찾았다. 하지만 집 안은 텅 비어 있었고, 아무런 인기척도 느껴지지 않았다.

굶주린 그는 우선 부엌으로 향했다. 부엌에 들어가니 바가지에 생쌀이 가득 담겨 있었다. 쌀을 본 그는 쌀 한 줌을 쥐어 정신없이 입에 집어넣었다. 그가 입 안 가득 생쌀을 넣었을 때 마침 처가 식구들이 집으로 돌아왔다.

사위를 본 장인은 무척 반가워하며 말했다.

"먼 길을 왔구먼. 그래 내 딸은 잘 있겠지? 자! 어서 들어가세!"

하지만 사위는 입 안에 쌀이 잔뜩 들어 있어서 입을

열 수가 없었다. 쌀은 침에 섞여 점점 불어나기 시작했다. 그러나 쌀을 훔쳐 먹은 것이 발각될까봐 쌀을 뱉지도 못하고 꾹 이를 악물었다. 쌀은 입 안에 고인 침 때문에 점점 불어나 결국엔 목까지 메었고, 고통스런 표정만 지을 뿐 한마디 말도 할 수 없었다.

그 모습을 본 장인이 화들짝 놀라 말했다.

"이런, 사위가 병이 난 모양이다. 빨리 의사를 불러오너라."

온 집안 식구들이 부리나케 의사를 불러왔지만, 그의 입은 돌같이 굳어져 열리지 않았다. 의사는 하는 수 없이 칼을 들어 그의 양쪽 뺨을 갈랐다. 그러자 입 속에 가득 찼던 생쌀이 와르르 쏟아져 나왔다.

• 출전 : 『보살본연경』 中 「선길왕품」 / 『백유경』 72

훔친 것보다 숨기려는 것이 더 큰 죄다. 숨기려고 하면 할수록 그는 점점 불안해지고, 결국엔 숨기려고 한 사실을 은폐하려다가 더 큰 잘못을 저지르게 된다. 그것은 거짓말을 숨기려다 더 큰 거짓말을 하게 되는 것과 같다. 고백하라. 고백은 용서의 지름길이다.

바닷물을 퍼내 바닥을 보리라

어떤 상인이 돈을 벌기 위해 배를 타고 바다로 나갔다. 그 후 상인은 여러 나라를 돌아다니며 열심히 장사를 하여 꽤 많은 돈을 모을 수 있었다. 그는 고향으로 돌아오는 배 안에서 자신이 모은 돈 꾸러미를 사람들에게 자랑하며 말했다.

"당신들은 많은 밑천으로 돈을 벌었지만, 나는 빈손으로 떠나 이렇게 많은 재물을 모았소. 그러니 당신들보다 낫지 않습니까?"

그는 사람들에게 돈 꾸러미를 내보이다가 그만 바다에 그것을 빠뜨리고 말았다.

"힘들여 번 돈을 이대로 잃을 수는 없다. 바닷물을 다 퍼내는 한 이 있더라도 반드시 돈을 찾고 말 테다."

배가 부두에 닿자 그는 곧장 목수를 찾아가 물통 하나를 만들어달라고 부탁했다. 목수가 물통을 만들어주자 그는 당장 바다로 달려가 물을 퍼내기 시작했다. 사람들은 그 모습을 보고 모두 미친 사람이라고 비웃었다. 하지만 상인은 날마다 바다에 나가 물을 길은 다음 산 위에 부어 말렸다.

그 모습을 본 바다의 신은 깜짝 놀랐다. 그리하여 바다의 신은 사람으로 변장하고 상인에게 다가가 물었다.

"지금 무슨 일을 하고 계십니까?"

"지금 이 바다를 말리고 있는 중입니다."

"바닷물이 무슨 죄가 있다고 말려버리려고 하는 것입니까?"

"제가 빠뜨린 돈 꾸러미를 찾기 위해서입니다."

그 말을 들은 바다의 신이 비웃으며 말했다.

"수백 수천 개의 강에서 흘러드는 물을 어느 세월에 퍼서 말리겠소?"

"결심만 변하지 않는다면 언젠가는 이 바닷물을 모두 퍼낼 수 있지 않겠소?"

그러면서 상인은 바닷물을 퍼내는 일을 멈추지 않았다. 그 모습을 본 바다의 신은 감탄하며 말했다.

"참으로 대단한 용기를 가진 사람이구나. 바닷물이 줄어들 리는 없겠지만, 차라리 돈 꾸러미를 주는 것이 좋겠구나."

바다의 신은 바닷물 속에 빠진 돈 꾸러미를 상인에게 돌려주었다.

- 출전 : 『불본행집경』 권31 「석여마경품」 / 『경률이상』 권9 · 42
- 『열자』 「탕문」 편에 실린, 삼태기에 흙을 담아 산을 옮기겠다는 우공이산(愚公移山)의 이야기와 유사하다.

이루어지지 않는 일은 없다. 단지 시간이 더 걸릴 뿐이다. 언젠가 이루어질 것이라는 믿음을 가진 사람은 행복하다. 아무리 힘든 일일지라도 이룰 수 있다는 희망이 있기 때문이다. 절망은 삶의 가장 큰 적이다. 그러므로 미리 포기할 필요는 없다.

두 마리의 토끼를 쫓다가

두 명의 아내를 둔 사내가 있었는데, 한 사람의 아내는 젊었고 다른 아내는 늙었다.

어느 날, 그는 젊은 부인에게 찾아갔다. 그랬더니 젊은 부인이 하얗게 센 그의 머리카락을 보고 얼굴을 찡그리며 말했다.

"저는 젊었으나 당신은 이제 나이가 들었습니다. 그러니 큰부인에게 가서 사십시오."

그 말을 들은 사내는 충격을 받았다. 그래서 그는 흰 머리카락을 모두 뽑아내고 큰부인에게로 향했다. 큰부인은 그의 검은 머리카락을 보며 이렇게 말했다.

"저는 이미 늙었습니다. 그런데 당신은 아직도 머리가 검군요. 그러니 작은부인과 함께 사십시오."

그 말을 들은 사내는 거울 앞에 서서 다시 검은 머리털을 뽑아내고 흰 머리카락만 남겨놓았다. 그런 다음 작은부인에게 가니 그녀는 예전과 똑같은 말을 되풀이했다. 큰부인도 마찬가지였다.

이윽고 며칠이 지나자 두 부인 사이를 오가던 그의 머리카락은 모두 빠져 대머리가 되고 말았다. 그렇게 되자

두 부인은 질색을 하며 소리쳤다

"당신 같은 대머리와는 살 수 없습니다."

결국 두 부인은 사내를 버리고 떠나버렸고, 사내는 화병에 걸려 죽고 말았다.

• 출전 : 『경률이상』 권44

선택의 순간을 놓치면 둘 다 잃게 된다. 한쪽을 선택했다면 다른 한쪽은 과감하게 버려야 한다. 두 마리의 토끼를 쫓다가 두 마리 모두를 잃게 되는 것과 같다.

사막에서 살아남기

 옛날 두 사람의 상인 대장이 큰 무리의 상인들을 거느리고 장사를 하기 위해 다른 나라로 떠났다. 그곳에 가려면 넓은 사막을 지나야 했으므로 두 무리의 상인은 함께 모여 떠나기로 했다.

 그들은 많은 양의 물과 낙타에게 먹일 풀을 준비하여 사막으로 향했다. 그때 사람을 잡아먹는 귀신이 미모의 여인으로 변하여 상인들이 지나는 길목에 앉아 거문고를 타고 있었다.

 상인의 무리가 다가오자 여인이 아름다운 목소리로 말했다.

 "먼 길을 오시느라 피곤하시죠? 하지만 이곳에는 물과 풀이 아주 많답니다. 그러니 지금까지 짊어지고 온 물과 풀을 모두 버리고 나를 따라오세요. 제가 물과 풀이 있는 곳으로 안내하겠어요."

 그 말을 들은 한 무리의 상인이 물과 풀을 버리고 그 여인을 따라 떠났다. 그러나 다른 무리의 상인을 거느린 대장은 혼자 생각했다.

 "사막에서 물과 풀을 버리는 것은 목숨을 버리는 것

과 같다. 처음 보는 여인의 말을 믿을 수는 없다."

그는 물과 풀을 버리지 않고 무리들에게도 따라가지 말라고 했다. 한편 여인을 따라 길을 떠난 상인들을 점점 더 사막 깊숙이 들어갔다. 7일 동안 사막을 걸었지만 여인이 약속한 물과 풀은 보이지 않았다. 뿐만 아니라 자신들을 안내하던 여인도 어느 틈에 사라지고 없었다.

결국 그들은 사막에서 죽고 말았다. 반면에 물과 풀을 버리지 않은 상인들은 목적지까지 무사히 도착할 수 있었다.

• 출전 : 『잡보장경』 권338/ 『본생경』 1/ 『중아함경』 권16 「비사경」 / 『불설장아함경』 권7 「폐숙경」

인생은 사막을 건너는 것과 같다. 걷다보면 때로는 오아시스를 만나고, 거대한 폭풍을 만나며, 때로는 신기루를 만난다. 맑은 샘물이 있는 오아시스는 안락한 쉼터를 제공한다. 하지만 신기루는 죽음으로 이끄는 거대한 유혹이다.

심신이 지친 사람에게 신기루는 더욱 황홀해 보인다. 그러나 유혹에 흔들리지 않고 오직 앞만 보고 걷는 사람만이 모래 폭풍을 뚫고 목적지에 다다를 수 있다.

바위 아래에는

사막을 건너다니며 장사를 하는 한 무리의 상인이 있었다. 그들은 여러 대의 수레에 장사할 물건과 낙타의 먹이, 그리고 충분한 물을 싣고 사막을 건넜다. 이윽고 그들은 사막을 거의 건너 하루만 걸으면 목적지에 도달할 수 있었다.

상인의 우두머리가 무리에게 말했다.

"이제 다 왔다. 앞으로는 물도 필요 없고 낙타들도 지쳤으니 무거운 짐을 모두 버리도록 하라."

상인들은 한 모금씩의 마실 물만 남긴 채 모두 버렸다. 그러나 앞서가던 길잡이가 그만 길을 잃고 말았다. 한나절을 걸었으나 길잡이는 길을 찾지 못하고 우왕좌왕했다. 이제는 마실 물도 모두 바닥난 상태였으므로 길을 찾지 못하면 사막에서 말라죽을 위기에 처해 있었다.

한 사람이 외쳤다.

"우린 여기가 어딘지도 모릅니다. 그러니 빨리 물을 찾아야 해요. 어서 샘물이 솟아날 만한 곳을 찾읍시다."

그러나 아무도 움직이려 하지 않았다. 그때 한 청년이 나섰다.

"제가 찾아보지요."

청년은 사막 위를 살피며 뛰어다녔다. 얼마 동안 헤맨 끝에 그는 자갈 틈에서 한 포기의 풀을 찾아냈다. 청년은 풀이 자라는 곳에 반드시 물이 있을 것이라 판단하고 모래를 파기 시작했다. 다른 상인들도 삽과 괭이를 들고 일을 거들었다.

그러나 한 길을 파고 두 길을 파도 물기는 보이지 않았다. 더구나 밑으로 내려갈수록 더 커다란 바위가 나타났다.

"헛일이야. 바닥은 바위뿐이야."

사람들은 삽과 괭이를 던지고 다시 한탄만 하고 있었다. 하지만 청년은 쉬지 않고 삽질을 해댔다. 바위가 나와도 포기하지 않고 쇠망치로 바위를 깼다.

그때였다.

"물소리가 나요!"

청년이 바위를 깨뜨리자 시원한 물줄기가 펑펑 솟아오르기 시작했다.

- 출전 : 『본생경』 2
- 『묘법연화경』 권4 「범사품」에 이런 말이 있다. '어떤 사람이 목이 말라 언덕에 샘을 팔 때, 마른 흙이 나오면 물이 먼 줄 알지만, 진흙을 만나면 물이 가까운 줄 아느니라.'

절망한 사람에게 미래는 없다. 목적지를 앞두고 주저앉는 사람은 영영 목적지에 다다를 수 없다. 인생은 수많은 난관들로 이루어져 있다. 그러나 난관은 극복되기 위해 존재한다. 목적지는 바로 그 너머에 있기 때문이다.

싸구나, 싸!

 먼 옛날 어떤 나라의 국왕이 외국에 사신을 보내며 말했다.

 "우리나라가 비록 풍족하지만 없는 것도 있을 것이다. 그대는 외국을 돌아다니며 우리나라에 없는 것을 구해 오라."

 외국에 도착한 사신은 시장을 뒤졌으나 살 만한 물건이 없었다. 실망한 사신은 돌아갈 생각을 하다가 문득 시장 한구석에 빈손으로 앉아 있는 노인의 모습을 보았다. 이상히 여긴 사신이 노인에게 다가가 물었다.

 "물건도 팔지 않으면서 빈손으로 이곳에 앉아 무엇을 하십니까?"

 "나도 장사를 하고 있는 중이오."

 "무엇을 파십니까?"

 "나는 이곳에서 지혜를 팔고 있소."

 "노인이 팔고 있는 지혜는 어떤 것이며, 값은 얼마나 합니까?"

 "천 냥이오. 먼저 돈을 내면 지혜를 알려드리지요."

 사신이 천 냥을 건네자 노인이 말했다.

"일이 닥쳤을 때 여러 번 생각하되, 화를 내지 말라. 의심스런 일이 생겼을 때는 앞으로 일곱 걸음을 걷고, 뒤로 일곱 걸음을 걸으며 다시 한 번 생각하라. 이렇게 세 번을 반복하면 지혜가 저절로 생기리라."

노인의 얘기를 들은 사신은 크게 실망했다. 공연히 엄청난 돈만 낭비했다는 생각이 들었다. 사신은 실망하며 귀국 길에 올랐다.

고국으로 돌아온 사신은 가장 먼저 자신의 집에 들렀다. 마침 한밤중이라 식구들은 모두 잠들어 있었다. 사신이 대문을 열고 안으로 들어가 보니 아내의 침실 앞에 신발 네 짝이 놓여 있었다. 그 모습을 본 사신은 화가 머리끝까지 치밀었다.

'내가 집을 비운 사이 아내가 다른 사내와 간통을 했구나!'

사신은 이내 칼을 빼어들고 방문 앞으로 달려들었다. 그때 문득 노인이 해준 말이 떠올랐다. 그는 칼을 내려놓고 앞으로 일곱 걸음을 걷고, 다시 뒤로 일곱 걸음을 걸으며 곰곰이 생각했다. 그렇게 하기를 세 번, 마침내 그의 가슴속을 달구었던 노여움이 서서히 사라졌다.

사신은 마음을 가라앉힌 후 등불을 밝히고, 침실 앞에 이르러 헛기침을 했다. 그러자 아내의 침실 문이 열리며 어머니가 나타났다. 그날 어머니가 아내와 함께 잠을 자고 있었던 것이다.

어머니의 얼굴을 본 사신은 가슴을 쓸어내리며 소리쳤다.

"정말 싸구나! 싸!"

어머니가 의아해하며 물었다.

"외국에 가서 무언가 사오겠다고 하더니 싼 물건을 사 온 게로구나."

사신이 대답했다.

"아내와 어머니는 만 냥을 준다고 해도 바꿀 수 없습니다. 그런데 천 냥을 주고 두 분을 지켰으니 어찌 싸지 않겠습니까?"

• 출전 : 『경률이상』 권44/ 『천존설아육왕비유경』

지금 화가 났다면, 먼저 숨을 멈추어라. 그런 다음 화를 낼 것인가 말 것인가를 생각하라. 그래도 화가 난다면 잠시 눈을 감아라. 그런 다음 화를 낼 것인가 말 것인가를 생각하라. 그래도 화가 난다면 창가를 향해 조용히 걸어가라. 그런 다음 화를 낼 것인가 말 것인가를 생각하라. 그래도 화가 난다면 다시 한 번만 이 과정을 반복하라.

칭찬은 소도 춤추게 한다

입을 닫아야 할 때 | 결정적 순간에 | 칭찬은 소도 춤추게 한다 | 당신이 부처입니다 | 거친 나귀를 길들이는 법 | 말 한마디로 천 냥 빚을 갚는다 | 나쁜 말일수록 귀를 뚫는다 | 하지 않아도 될 말

입을 닫아야 할 때

어떤 연못에 두 마리의 백조와 한 마리의 자라가 살고 있었다. 어느 해, 엄청난 가뭄이 찾아들었다. 몇 달 동안 비가 내리지 않자 연못은 점점 말라가기 시작했다.

물이 줄어들고 먹을 것도 사라지자 두 마리의 백조는 연못을 떠나기로 했다. 하지만 그동안 친구처럼 지낸 자라가 걱정이었다. 백조는 자라를 찾아가 말했다.

"우린 더 이상 살 수 없어 이 연못을 떠나려고 해."

그 말을 들은 자라는 깜짝 놀랐다.

"나만 버리고 가려고? 나도 데리고 가줘."

"어떻게? 우린 힘이 없어."

자라는 한 가지 꾀를 알려주었다.

"너희들이 막대기의 양끝을 입에 무는 거야. 그러면 나는 그 막대기를 물고 가면 돼."

한 백조는 자라의 꾀가 아주 훌륭하다는 생각이 들었다. 그러나 다른 백조가 고개를 흔들며 말했다.

"우리도 널 데려가고 싶어. 하지만 넌 말이 너무 많은 게 문제야. 만약 막대기를 물고 가다가 입을 열게 되면 넌 바닥으로 떨어지고 말 거야."

"걱정하지 마. 절대 입을 열지 않을 테니까."

이윽고 두 마리의 백조는 막대기 하나를 찾아 서로 끝부분을 물었다. 자라는 막대기의 가운데를 물었다. 백조는 곧 공중으로 날아올라 하늘 높이 날기 시작했다.

백조가 막 어느 도시의 시장 위를 날고 있을 때였다. 사람들이 하늘을 바라보고는 신기한 듯 외쳤다.

"백조 두 마리가 자라 한 마리를 훔쳐가네!"

그 소리에 놀란 사람들이 하나둘 모여들더니 이내 시장이 시끌벅적해졌다.

"정말이야? 백조가 자라를 훔쳐가고 있어."

자라는 사람들의 소리를 듣고 도저히 참을 수가 없었다.

"이봐요! 백조들이 나를 훔쳐 가는 게 아니라, 내가 막대기를 물고 가는 거란 말예요!"

입을 여는 순간 자라는 땅에 떨어졌다. 그러자 동네 아이들이 달려들어 자라를 밟아 죽이고 말았다.

• 출전 : 『근본설일체유부비나야』 권28/ 『구잡비유경』 下 · 39

입을 열어야 할 때와 닫아야 할 때를 알아라. 그때를 알 수 없다면 차라리 닫고 있는 편이 낫다. 공연한 변명은 구설수를 낳을 뿐이다.

결정적 순간에

어떤 왕이 병이 들자 용한 의사를 불러들였다. 왕을 진찰한 의사가 말했다.

"사자의 젖을 먹어야 나을 수 있습니다."

왕은 사냥꾼들을 모아놓고 말했다.

"사자젖을 구해오는 자에게 땅과 막내공주를 주겠다."

그때 어느 가난한 사냥꾼이 앞으로 나서며 말했다.

"제가 구해오겠습니다."

사냥꾼은 양 한 마리를 잡은 다음 포도주 한 통과 함께 짊어지고 산 속으로 향했다. 동굴에서 사자가 나오는 것을 확인하고 양고기와 포도주를 동굴 속에 놓아두었다.

동굴로 돌아온 사자는 술과 고기를 보고 금세 먹어치웠다. 사자가 술에 취하여 잠이 들자 사냥꾼은 사자의 젖을 짜가지고 돌아왔다. 돌아오는 길에 그는 수행자 한 사람과 한 방에서 하룻밤을 묵었다. 사냥꾼은 너무 피곤하여 금세 곯아떨어졌다.

수행자가 가만히 귀를 기울이니 사냥꾼의 몸 안에서 서로 다투는 소리가 들려왔다.

먼저 발이 말했다.

"사자 젖을 구할 수 있었던 것은 순전히 내 덕이야. 발이 없으면 어떻게 산에 올라갔겠어."

이번에는 손이 말했다.

"손이 있으니까 젖을 짰지."

그러자 다른 이들도 자신의 공을 자랑했다.

가만히 그 모습을 지켜보고 있던 혀가 말했다.

"너희를 죽이고 살리는 것은 모두 나에게 달렸어."

이튿날 사냥꾼은 사자의 젖을 가지고 왕에게 갔다. 그때까지도 발, 손, 눈, 귀는 서로 공을 다투고 있었다. 순간 혀는 짜증을 내며 이렇게 생각했다.

'정말 시끄럽게 다투는군. 어디 두고 봐.'

왕이 사자의 젖을 확인하며 사냥꾼에게 물었다.

"이것이 진짜 사자의 젖인가?"

순간, 혀가 불쑥 말을 내뱉었다.

"이것은 사자의 젖이 아니고 나귀의 젖입니다."

• 출전 : 『경률이상』 권17

말은 분열의 씨앗이다. 한마디 말이 상대방을 친구로 만들 수도, 적으로 만들 수도 있다.

칭찬은 소도 춤추게 한다

한 농부가 어린 송아지를 사서 애지중지 기르며 아끼고 사랑했다. 이에 감동한 송아지는 어른이 되자 주인의 은혜에 보답하고 싶었다.

어느 날, 소가 주인에게 말했다.

"저는 힘이 셉니다. 주인님께서는 힘이 센 소를 가진 큰 부자를 찾아가 백 대의 수레를 끌 수 있는 소가 있다고 말하십시오. 그런 다음 천금을 걸고 부자와 내기를 하십시오. 반드시 백 대의 수레를 끌어 주인님께 보답하겠습니다."

그 말을 들은 농부는 곧 가장 힘이 센 소를 가진 부자를 찾아가 내기를 하자고 말했다. 자존심이 상한 부자는 흔쾌히 천금을 걸고 내기에 응했다.

이튿날, 농부는 백 대의 수레에 자갈을 가득 실어놓고 굵은 밧줄로 연결했다. 그리고 소를 목욕시킨 후 맛있는 먹이를 주고 등에는 꽃으로 장식했다.

이윽고 부자가 소를 끌고 나타나자 농부는 소에게 굴레를 씌우고 자신은 채찍을 들었다. 내기가 시작되자 농부는 채찍을 내리치며 소리쳤다.

"가자, 이놈아. 어서 끌어라, 이 몹쓸 놈아."

그러나 소는 네 발을 기둥처럼 세우고는 꿈쩍도 하지 않았다. 결국 주인은 내기에서 져 이내 머리를 싸매고 자리에 누웠다. 소가 말했다.

"제가 주인님 댁에서 편하게 자랐지만 저는 한 번도 그릇을 깨거나 아무 데나 똥오줌을 누지 않았습니다. 그런데도 주인님은 저를 채찍으로 내리치며 '몹쓸 놈'이라고 불렀습니다. 그러니 천금을 잃은 것은 주인님의 잘못입니다."

농부는 소의 말을 듣고 곧 자신의 잘못을 뉘우쳤다. 다시 소가 말했다.

"다시 내기를 하되, 이번에는 2천금을 거십시오."

농부는 다시 부자를 찾아갔고, 부자는 흔쾌히 내기에 응했다.

이튿날, 내기가 시작되자 농부는 소의 등을 어루만지며 소리쳤다.

"가자, 멋진 소야! 끌어라, 아름다운 소야."

그러자 소는 단박에 백 대의 수레를 끌었다.

• 출전 : 『본생경』 29/ 『근본설일체유부비나야』 권25/ 『십송률』 권9/ 『사분율』 권11/ 『경률이상』 권47/ 『출요경』 권11 「비방품」

가진 능력을 모두 발휘하도록 하는 가장 좋은 방법은 칭찬하는 것이다. 내 사람으로 만들고 싶은 사람이 있으면 그를 칭찬하고, 나를 위해 일하게 하고 싶은 사람이 있으면 그를 칭찬하고, 잘 되기를 원하는 사람이 있으면 그를 칭찬하라.

당신이 부처입니다

한 사람의 수행자가 있었다. 그 수행자는 사람들을 만날 때마다 상대방이 누구든 반드시 합장을 하고 이렇게 말했다.

"나는 당신을 공경합니다. 왜냐하면 당신은 훗날 부처가 될 분이기 때문입니다."

그 수행자는 경전을 읽지도, 외우지도 않았다. 다만 사람들은 만날 때마다 합장을 하고 예배만 할 뿐이었다. 설령 멀리서 오는 사람일지라도 수행자는 한걸음에 달려가 예배하며 말했다.

"나는 당신을 공경합니다. 당신은 반드시 부처가 될 분이기 때문입니다."

그러나 모든 사람들이 그 말을 듣기 좋아하는 것은 아니었다. 간혹 마음이 맑지 못한 사람은 수행자의 말을 들을 때마다 화를 냈다.

"내가 부처가 될 사람이라고? 개똥같은 소리 하지 말거라. 네가 나를 공경한다고? 방금 네가 한 말이 나를 업신여기는 것이 아니고 무엇이냐?"

하지만 수행자는 상대방이 어떤 욕을 해도 예배를 멈

추지 않았다. 그는 오직 한마음으로 여러 해 동안 사방을 돌아다니며 사람들을 축원했다.

"당신은 반드시 성불할 것입니다."

개중에는 화를 내면서 막대기나 돌을 들어 때리는 사람도 있었다. 그때마다 수행자는 돌멩이를 피해 달아나며, 오히려 더 큰 소리로 외쳤다.

"당신은 반드시 성불할 것입니다!"

사람들은 그가 미쳤다고 생각했다. 하지만 세월이 흐르자 사람들은 조금씩 자신이 얼마나 소중한 존재인지 깨닫기 시작했고 마침내는 수행자를 존경하게 되었다.

• 출전: 『묘법연화경』 권6 「상불경보살품」

당신은 결코 만만한 존재가 아니다. 당신은 악한 사람의 씨앗도, 성자의 씨앗도 모두 가지고 있다. 그리하여 악한 씨앗을 싹틔우는 사람은 악한 사람이 되고, 성자의 씨앗을 싹틔우는 사람은 성자가 된다. 훌륭한 스승은 사람들의 마음속에 숨어 있는 성자의 씨앗을 본다. 그리고 그것을 드러내어 싹을 틔게 하고, 마침내는 아름드리 나무로 자라게 하는 것이다. 성자의 씨앗을 드러내게 하는 가장 좋은 방법은 상대방의 선함을 보고, 이를 칭찬하는 것이다.

거친 나귀를 길들이는 법

아무리 삶아도 익지 않는 콩을 가진 사람이 있었다. 어느 날 그는 콩을 팔러 시장에 나갔다. 그러나 누구 하나 그 콩을 사가는 사람이 없었다. 익지 않는 콩은 먹을 수가 없었기 때문이었다.

그 옆에 나귀를 팔러 온 사람이 있었다. 그 역시 해가 저물도록 나귀가 팔리지 않아 몹시 걱정하고 있었다. 그러자 콩을 가진 사람이 나귀를 가진 사람에게 말했다.

"서로 팔리지 않으니 내 콩과 당신의 나귀를 바꾸는 것이 어떻겠습니까?"

나귀 장수도 차라리 그게 낫다는 생각이 들었다.

"좋아요. 그렇게 합시다."

그리하여 콩과 나귀를 교환한 두 사람은 기쁜 마음으로 콧노래를 불렀다. 먼저 콩을 가졌던 사내가 흥에 겨워 말했다.

"난 타고난 장사꾼이야. 익지 않는 콩을 나귀와 바꿨으니까."

이번엔 나귀를 가졌던 사내가 말했다.

"난 타고난 장사꾼이야. 바늘로 찔러도 움직이지 않는

나귀를 콩과 바꿨으니까."

그러자 콩을 가졌던 사내가 대꾸했다.

"엉덩이에 천 번 매질을 하고, 머리에 침을 꽂으면 게으른 당나귀도 움직이게 할 수 있지."

나귀를 가졌던 사내가 코웃음을 치며 말했다.

"흥, 그녀석의 뒷발질이 당신의 이빨을 모두 부러뜨리고 말거야!"

그 얘기를 들은 콩을 가졌던 사내가 나귀를 위협하며 말했다.

"만일 말을 듣지 않는다면 네 꼬리를 잘라 파리와 모기를 쫓지 못하도록 만들겠다."

나귀가 화를 내며 대꾸했다.

"내 꼬리를 잘라버리겠다고? 자르기 전에 먼저 당신의 이빨이 부러질걸?"

사내는 나귀를 위협하는 것이 아무런 소용이 없음을 알고, 다시 살살 구슬리며 말했다.

"목소리가 곱고 얼굴이 백옥같이 흰 암 나귀를 골라 너를 장가보내겠다."

그러자 나귀가 소리쳤다.

"그렇게만 해주신다면 저는 주인님을 위해 하루 천 리라도 달려가겠습니다."

• 출전 : 『육도집경』 권1 「보시도무극장」 / 『경률이상』 권19

험한 말은 화를 돋우지만, 칭찬은 일의 능률을 높인다. 천성이 거친 사람일수록 거친 말에 승복하지 않는다. 그런 사람은 목이 마르다 할지라도 물가에 데려가 억지로 물을 먹일 수 없다. 따라서 이런 사람에게는 맛좋은 당근이 필요하다. 상대방의 긍정적인 면을 찾아내고, 이를 칭찬해주는 것이야말로 사람을 변화시키는 힘이 된다.

말 한마디로 천 냥 빚을 갚는다

 눈이 내린 추운 아침, 어떤 사냥꾼이 커다란 사슴 한 마리를 잡아 수레에 싣고 시장으로 나왔다. 그때 네 사람의 청년이 그 모습을 보고는 입맛을 다셨다. 하지만 청년들에게는 한 푼의 돈도 없었다. 한 청년이 친구들에게 말했다.

"말만 잘하면 사슴 고기를 얻을 수 있을 거야. 우리들 중에 누가 가장 많은 고기를 얻어오는지 내기할까?"

나머지 청년들은 그의 말에 모두 동의했다. 첫 번째 청년이 사냥꾼에게 다가가 말했다.

"어이, 사냥꾼! 지금 내가 몹시 배가 고프니 고기 한 조각을 주지 않겠나?"

사냥꾼은 청년을 힐끔 쳐다보더니 내키지 않는다는 듯 사슴의 뿔 한 조각을 잘라주었다. 그가 뿔을 얻어 돌아오자 이번에는 두 번째 청년이 나섰다. 그는 사냥꾼에게 다가가 고개를 굽실대며 말했다.

"형님, 이 아우를 위해서 고기 좀 나누어주시오."

사냥꾼은 청년을 힐끔 쳐다보고 나서 발톱이 있는 다리 한 조각을 잘라주었다. 그가 다리를 얻어오자 이번에는 세 번째 청년이 사냥꾼에게 다가가 허리를 굽히며 말했다.

"최고의 사냥꾼이여, 내게 맛있는 고기를 좀 나누어주십시오."

사냥꾼은 가만히 세 번째 청년을 바라보더니 가슴의 내장과 간을 잘라주었다. 그가 간을 얻어 오자 이번에는 네 번째 청년이 사냥꾼에게 다가가 절을 올리며 말했다.

"자비심 깊은 인자한 이여, 아무쪼록 저에게 고기 한 쪽만이라도 베풀어주십시오."

사냥꾼은 네 번째 청년의 태도를 보고는 얼굴 가득 웃음을 머금고 대답했다.

"당신은 정말 예의 있는 사람이군요. 이 사슴을 통째로 가져가십시오."

• 출전 : 『본생경』 315/ 『생경』 권3 「불설소혼석경」

거친 말 한마디 때문에 친구를 잃을 수도 있고, 친절한 말 한마디로 친구를 얻을 수도 있다. 말은 그 사람의 얼굴이고 태도이며 인품이다.

나쁜 말일수록 귀를 뚫는다

옛날 어떤 나라에 백성들로부터 존경을 받는 대신과 마음씨가 고약한 대신이 있었다. 어느 날, 마음씨 나쁜 대신이 다른 대신을 시기하여 왕에게 모함했다.

"그는 백성들로부터 신망을 받는 것을 이용하여 반역을 꾀하고 있습니다."

왕은 그 말을 듣고 대신을 잡아다가 옥에 가두었다. 이에 백성들과 신하들이 그를 풀어줄 것을 왕에게 호소했다. 사방에서 대신을 풀어줄 것을 요구하자 마침내 왕은 스스로의 잘못을 깨닫고 대신을 석방했다.

그러자 마음씨 나쁜 대신은 왕의 보물을 훔쳐 몰래 마음씨 착한 대신의 집에 숨겨두고는 다시 왕을 찾아갔다.

"지난번 그를 풀어준 것은 잘못된 것입니다. 소문을 듣자하니 그는 궁에서 몰래 보물을 훔쳐다가 집에 감추어두었다고 합니다."

하지만 이번만큼은 왕도 마음씨 나쁜 대신의 모함에 속지 않았다. 오히려 왕은 마음씨 나쁜 대신을 꾸짖으며 말했다.

"그는 백성들로부터 존경을 받고 있는 사람이다. 더 이상 모함을 하면 그대를 가만두지 않겠노라."

왕의 태도가 돌변하자 마음씨 나쁜 대신은 다른 나라로 도망쳤다. 그런 다음 아름답고 화려한 보물상자 안에 독사 두 마리를 넣은 후 그 나라의 왕을 찾아가 말했다.

"이웃나라의 왕은 선물을 몹시 좋아합니다. 이 선물을 보내면 두 나라는 사이좋게 지낼 수 있을 것입니다."

이웃나라 왕은 마음씨 나쁜 대신의 말을 받아들여 보물상자를 선물로 보내도록 했다.

본국의 왕은 보물상자를 보고 매우 기뻐했다. 왕이 상자를 열려 하자 옥에서 풀려난 대신이 말했다.

"멀리서 보낸 선물은 함부로 보면 안 되고, 멀리서 보낸 음식은 함부로 먹어서는 안 됩니다."

대신은 왕에게 세 번이나 간청했으나 왕은 궁금증을 참지 못하고 상자를 열었다. 그러자 상자 안에 있던 독사가 독을 뿜어 왕은 눈이 멀고 말았다.

• 출전 : 『잡보장경』 권3·34

나쁜 말일수록 귀에 잘 들어오고, 좋은 충고일수록 귀에 들어오지 않는다. 그래서 좋은 약은 입에 쓰지만 몸에 좋고, 좋은 충고는 귀에 거슬리지만 행동에 이롭다고 했다.

하지 않아도 될 말

 사이가 좋은 두 사람의 상인이 있었다. 어느 날 두 사람은 깊은 산속을 걷다가 산적들의 습격을 받았다. 산적들이 모습을 나타내자 한 사람은 재빨리 숲으로 몸을 감췄다. 그러나 다른 한 사람은 미처 몸을 숨기지 못하고 입고 있던 비단 옷을 털리고 말았다.

 그런데 그가 빼앗긴 비단 옷 속에는 금 한 덩이가 숨겨져 있었다. 퍼뜩 금덩이 생각이 떠오르자 그는 산적들에게 말했다.

 "그 비단옷은 가져가보아야 얼마 되지 않습니다. 제가 금화 한 닢을 드릴 테니 저에게 도로 팔지 않겠습니까?"

 산적들은 서로의 얼굴을 쳐다보며 어리둥절한 표정을 지었다.

 "네가 금화를 갖고 있다는 말이야?"

 "그렇습니다."

 그러면서 그는 금화 한 닢을 꺼내 산적들에게 보여주었다. 산적들은 미심쩍은 눈빛으로 그를 바라보았다. 그러자 어리석은 사내가 소리쳤다.

 "믿지 못하는군요. 이 금화는 진짜 순금입니다. 만약

믿지 못하겠다면 저 숲에 숨어 있는 내 친구에게 물어보십시오."

그 바람에 숲에 숨어 있던 친구까지 산적들에게 발각되고 말았다. 결국 친구는 산적들 앞으로 끌려나와 가지고 있던 모든 것을 털리고 말았다. 산적들은 신이 나서 말했다.

"비단 옷과 금덩이에 금화 한 닢, 그리고 숨어 있던 놈의 재물까지 모두 빼앗았으니 횡재가 아니고 무엇이랴!"

• 출전 : 『백유경』 97

어리석은 사내는 작은 이익에 눈이 어두워 하지 않아도 좋을 말을 함으로써 자신의 모든 것을 빼앗기고, 더구나 친구까지 벌거숭이로 만들어버렸다.
이미 지난 것은 포기하라. 포기할 수 없다면, 두 가지 중 한 가지는 버려라. 그래야만 앞날을 기약할 수 있다. 친구마저 잃는다면 그는 아무것도 기약할 수 없다.

인용한 주요 경전

- 『경률이상(經律異相)』
  경(經)과 율(律)에서 요점을 뽑고 그 출전을 표시한 불교백과사전으로 모두 50권 42개 부문으로 되어 있다. 양(梁)나라 때(A.D. 516) 보창(寶唱), 승민(僧旻) 등이 편찬하였다.

- 『구잡비유경(舊雜譬喩經)』
  부처님 제자들의 인연 이야기를 담아 놓은 경으로 2권으로 구성되어 있다. 오(吳)나라 때(A.D. 251) 강승회(康僧會)가 번역했는데, 상권에 34편, 하권에 27편 등 61가지의 이야기가 실려 있다.

- 『근본설일체유부비나야(根本說一切有部毘奈耶)』
  총 50권으로 구성되어 있으며 당나라 때(A.D. 703) 의정이 번역했다. 소승 부파의 하나인 근본설일체유부의 비구 계율로 총 249조목을 담고 있다.

- 『근본설일체유부비나야잡사
  (根本說一切有部毘奈耶雜事)』
  갖가지 율행(律行)에 관련된 잡사(雜事)뿐만 아니라 부처님의 열반 당시의 상황이 상세히 기록되어 있다. 총 40권으로 당나라 때(A.D. 710) 의정이 번역했다. 계율에 관한 1,000

여 수에 달하는 송(頌)과 함께 1,000여 가지의 일들을 다루고 있다.

■ 『금강삼매경(金剛三昧經)』
『송고승전(宋高僧傳)』의 원효(元曉) 전기에는 8품(品), 30지(紙) 가량으로 되어 있는데, 지금은 7품이 전한다. 이 경전은 원효의 주석사인 『금강삼매경론』에 의해 더 많이 알려져 있다. 북량(北涼: A.D. 397~439) 때 번역되었으나 역자는 알려져 있지 않다. 1권 8품으로 이루어져 있다.

■ 『금광명최승왕경(金光明最勝王經)』
여러 경들을 모은 것으로 의정이 번역했다. 북량 시대 (A.D. 414~426) 담무참(曇無讖)이 번역한 『금광명경』 19품을 수나라 때(A.D. 597) 석보귀(釋寶貴)가 18품으로 편집하고 다시 양나라 전제(眞諦)가 번역한 4품과 수나라의 사나굴다가 번역한 2품을 합하여 총 24품으로 이루어진 『합부금광명경(合部金光明經)』이 있다. 담무참이 번역한 것을 구역(舊譯)이라 하고 훗날 번역한 것을 신역(新譯)이라 한다.

■ 『대방광불화엄경(大方廣佛華嚴經)』
흔히 『화엄경』으로 알려져 있다. 대승불교 초기의 중요한 경전으로 한역본은 불타발타라(佛馱跋陀羅)가 번역한 60권본(418~420), 실차난타(實叉難陀) 역의 80권본(695~699), 반야(般若) 역의 40권본(795~798)이 있다. 이 경전을 바탕으로 중국에서 화엄종이 성립되었다.

- 『대방편불보은경(大方便佛報恩經)』
  후한(後漢) 시대(A.D. 147~220)에 번역되었으나 역자는 알 수 없다. 7권 9품으로 구성되어 있으며, 부처님이 갖가지 비유와 방편으로 제자들에게 설법한 내용을 담고 있다.

- 『대승본생심지관경(大乘本生心地觀經)』
  당나라 때(A.D. 790) 반야가 번역한 것으로 8권 13품으로 이루어져 있다. 부처님과 여러 보살들이 펼치는 문답 내용을 짜임새 있게 기록하고 있다.

- 『대위덕다라니경(大威德陀羅尼經)』
  모두 20권으로 수나라 때(A.D. 596) 사나굴다가 번역했다. 전반에 걸쳐 공(空)이야말로 대승 불도의 으뜸임을 강조한다.

- 『대장엄론경(大莊嚴論經)』
  마명(馬鳴)이 편찬한 것을 후진(後秦) 시대 때(A.D. 402~412) 구마라집(鳩摩羅什)이 번역했다. 15권 90장으로 구성되어 각종 사전(史傳), 우화, 비유, 인연, 본 생담 등이 실려 있다.

- 『대정구왕경(大正句王經)』
  2권으로 구성되어 있으며 송나라 때 법현(法賢)이 번역했다.

가섭이 대정구왕에게 갖가지 비유를 들어 교화한 내용을 그리고 있다.

■ 『대지도론(大智度論)』

인도 대승불교의 초기 고승인 용수(龍樹)가 저술한 『대품반야경(大品般若經)』의 주석서로 2~3세기에 이루어졌다. 현재 구마라집의 한역본만 전한다. 총 100권의 방대한 것이었으나 34품만 완역하고, 이하는 초역하였다. 대승불교의 백과전서라 할 만하며 초기 불교사 연구에 중요한 저서이다.

■ 『묘법연화경(妙法蓮華經)』

흔히 『법화경』으로 불린다. 한역본으로는 3가지가 있는데 축법호가 번역한 『정법화경(正法華經)』 10권 27품, 구마라집이 번역한 『묘법연화경』 7권 28품, 사나굴다와 달마급다가 공역한 『첨품법화경(添品法華經)』 7권 27품이 있다.

■ 『백유경(百喩經)』

100가지 비유를 모은 경전이라는 뜻이지만 실제로는 4권 98가지 이야기로 이루어져 있다. 5세기 전반 인도의 승려 상가세나(僧伽斯那)의 저술로 알려진 『샤타바다나수트라』를, 그의 제자 구나브리티[求那毘地]가 492년에 한역(漢譯)하여 붙인 이름이다. 『백구비유경(百句譬喩經)』

■ 『법구비유경(法句譬喩經)』

『법구경』에 나오는 게송이 어떤 인연에 의해 설해지게 되었는가를 밝히는 이야기들로 엮어졌다. 4권 39품으로 구성되어 있고, 모두 68가지 비유가 실려 있다. 서진(西晋) 시대(A.D. 290~306)의 법거(法炬)와 법립(法立)이 번역했다.

■ 『별역잡아함경(別譯雜阿含經)』
16권 364경이 수록되어 있다. 진(秦) 나라 때(A.D. 350~430) 번역되었으나 역자는 알려져 있지 않다.

■ 『보살본연경(菩薩本緣經)』
승가사나(僧伽斯那)가 편찬한 것을 오나라 때(A.D. 223~253) 지겸(支謙)이 번역했다. 3권 8품으로 이루어져 있으며 부처님의 전생을 이야기하고 있다.

■ 『보살영락경(菩薩瓔珞經)』
요진(姚秦) 시대 (A.D. 376) 축불념(竺佛念)이 한역한 경전으로 14권 45품으로 이루어져 있다. 주로 보살의 수행에 대해 설명하고 있다.

■ 『복개정행소집경(福蓋正行所集經)』
인도의 용수가 편찬한 것을 송나라 때(A.D. 1054~1074) 일칭(日稱) 등이 12권으로 번역했다. 복덕을 받는 바른 행위에 대한 가르침들을 한데 모아 편찬했다.

- 『본생경(本生經)』

    석가가 전생에 보살로서 수행한 일과 공덕을 이야기로 구성한 경전이다. 성격에 따라 12가지로 분류하였는데, 이를 12부경(部經) 또는 12분교(分敎)라고 한다. 550편에 달하는 설화가 들어 있다. 267년에 축법란(竺法蘭)이 도래한 때로부터 285년 축법호의 『생경(生經)』 번역본이 나올 때까지 약 218년간 다섯 차례에 걸쳐 700여 편의 본생 설화가 번역되었다.

- 『부법장인연전(付法藏因緣傳)』

    모두 6권이며 원위(元魏) 시대(A.D. 472) 길가야(吉迦夜) 및 담요(曇曜)가 번역했다. 부처님이 입멸한 뒤 마하가섭과 아난 등을 거쳐서 사자(師子) 비구에 이르기 까지 23조(祖)에 걸친 정법 계승의 인연들을 담고 있다.

- 『불본행집경(佛本行集經)』

    석가의 생애를 문학적으로 묘사한 경전 중 대표적인 경전이다. 현재 전하는 한역본은 수나라의 사나굴다가 기원전 590~587년에 번역한 것으로 총 60권 60품에 이른다.

- 『불설구색록경(佛說九色鹿經)』

    1권으로 오나라 때(A.D. 223~253) 지겸이 번역했다. 부처님의 전생 이야기로 『육도집경』 제6권의 제4「정진무도극장」 중 녹왕장(鹿王章)의 내용과 같다.

- ▪ 『불설군우비경(佛說群牛譬經)』
  1권으로 서진시대(A.D. 290~306) 법거(法炬)가 번역했다. 부처님이 소에 비유하여 제자들의 부지런한 수행과 계율을 잘 지킬 것은 설법한 내용이다.

- ▪ 『불설비유경(佛說譬喩經)』
  1권으로 이루어져 있으며 당나라 때 의정이 번역했다. 부처님이 승광왕(勝光王)을 위해 무명, 무상, 생로병사 등의 이치에 대해 설법한 내용이다.

- ▪ 『불설장아함경(佛說長阿含經)』
  총 22권으로 후진시대(A.D. 413) 불타야사(佛陀耶舍), 축불념 등이 번역했다. 사(四) 아함 중 하나로 다른 아함경에 비하여 비교적 분량이 많은 경들로 이루어져 있다. 30가지 경이 4분(分)으로 나뉘어 있다.

- ▪ 『불설처처경(佛說處處經)』
  1권으로 후한시대(A.D. 148~170) 안세고(安世高)가 번역했다. 50여 가지의 여러 교법에 대한 부처님의 설명을 담았다.

- ▪ 『비니모경(毘尼母經)』
  율부 5대 논서의 하나로 모두 8권으로 이루어져 있다. 진(秦)나라 때(A.D. 351~431) 번역되었으나 역자는 미상이다.

- 『비화경(悲華經)』

  석가모니불이 사바세계인 예토(穢土)에 태어나 성불한 것을 찬양하는 경전이다. 북량 시대(A.D. 414~426) 담무참이 10권 6품으로 번역하였다.

- 『생경(生經)』

  서진시대(A.D. 285) 축법호가 번역했다. 5권에 걸쳐 부처님의 전생 이야기가 55편의 작은 경으로 실려 있다.

- 『사분율(四分律)』

  4대 계율서(戒律書)의 하나로 석가 입멸 후 100년경에 담무덕(曇無德) 상좌부(上座部)의 근본율 중에서 자기 견해에 맞는 것만을 네 번에 걸쳐 뽑아 엮었으며, 총 60권이다.

- 『수행도지경(修行道地經)』

  7권으로 구성되어 있으며 승가라찰(僧伽羅刹)이 편찬한 것을 서진시대(A.D. 284) 축법호가 번역했다. 전체 30품으로 되어 있는데, 수많은 경전에서 언급하고 있는 수행의 과정에 대해서 일목요연하게 정리하고 있다.

- 『십송률(十誦律)』

  부처님이 정한 계율을 모은 것으로, 10송(誦)으로 구성된 율장(律藏)이다. 구마라집이 번역하였으나 완역하지 못하고, 뒤에 비마라차(卑摩羅叉)가 구마라집의 한역본을 보충

하여 61권으로 완역하였다.

- 『아육왕경(阿育王經)』
총 10권으로 8품으로 이루어져 있으며 『아육왕전(阿育王傳)』으로도 불린다. 양나라 때(A.D. 512) 승가바라(僧伽婆羅)가 번역한 것으로, 불법을 번성하게 했던 인도의 아육왕에 대한 전기이다.
- 『육도집경(六度集經)』
부처님이 전생에 6바라밀을 닦았던 이야기로 이루어져 있다. 91종의 이야기가 육바라밀다(六波羅蜜多:布施·持戒·忍辱·精進·禪定·智慧)로 분류되어 있다. 오나라 때 강승회가 8권으로 번역하였다.

- 『잡보장경(雜寶藏經)』
부처님에 얽힌 갖가지 인연과 비유, 본생담 등을 여러 경전에서 뽑아서 한데 모아 놓은 것으로 10권에 걸쳐 121가지의 이야기가 실려 있다. 원위(元魏) 시대(A.D. 472) 길가야와 담요가 번역했다.

- 『잡비유경(雜譬喩經)』
여러 가지 경이 전한다. 후한시대(A.D. 146~185) 지루가참(支婁迦讖)이 번역한 경에는 12가지의 이야기가 들어 있으면, 후한시대(A.D. 134~220)에 번역자가 알려지지 않은 후한록 본에는 32가지 이야기가 2권에 걸쳐 실려 있다. 또 후진(後秦)시대(A.D. 384~417)에 도략(道略)이 모은 경에는

37편의 이야기가 실려 있다. 중경(衆經)이 편집한『중경찬잡비유경』에는 2권에 걸쳐 44편의 이야기가 실려 있는데, 이중 8편은 도략이 모은 잡비유경의 내용과 중복된다.

■『잡아함경(雜阿含經)』

모두 50권으로 유송(劉宋) 시대(A.D. 435~467) 구나발다라(求那跋陀羅)가 번역했다. 4 아함의 하나로 한역본에는 1,362개의 경이 수록되어 있다.

■『중아함경(中阿含經)』

총 60권으로 동진(東晋) 시대(A.D. 426) 승가제바(僧伽提婆)가 번역했다. 4 아함의 하나로, 한역본은 전체 18품 224경으로 이루어져 있다. 중간 길이의 경들로 이루어져 있다.

■『증일아함경(增一阿含經)』

51권 52품 472경으로 구성되어 있다. 4 아함의 하나로 동진 시대(A.D. 397) 승가제바(僧伽提婆)가 번역했다. 아함경 가운데 가장 나중에 결집된 것으로 보인다.

■『찬집백연경(撰集百緣經)』

오나라 때(A.D. 223~253) 지겸이 번역한 것으로 백연경(百緣經)이라고도 불린다. 10권 10품 100가지 인연 이야기로 구성되어 있다.

- 『천존설아육왕비유경(天尊說阿育王譬喻經)』
  동진시대(A.D. 317~420)에 번역되었으나 역자는 알려져 있지 않다. 보통 『아육왕비유경』으로 불리며, 부처님이 열세 가지의 비유 설화를 들어서 설법한 내용이 들어 있다.

- 『출요경(出曜經)』
  여러 경전에서 부처님의 말씀이나 게송 등을 뽑아서 꾸며놓은 것으로 동진시대(A.D. 398~399) 축불념이 30권 34품 930편으로 번역하였다.

- 『현우경(賢愚經)』
  중국 위나라의 혜각 등 8명의 승려가 번역하여 엮은 책으로 모두 13권 62품으로 이루어져 있다. 445년 책으로 내고, 당시 『비유경』을 번역하고 있던 혜랑(慧郞)이 책명을 『현우경』이라 지었다.